***ACCESO GRATIS** a la Lectura en la Nube*

Para visualizar el libro electrónico en la nube de lectura envíe junto a su nombre y apellidos una fotografía del código de barras situado en la contraportada del libro y otra del ticket de compra a la dirección:

ebooktirant@tirant.com

En un máximo de 72 horas laborales le enviaremos el código de acceso con sus instrucciones.

La visualización del libro en **NUBE DE LECTURA** excluye los usos bibliotecarios y públicos que puedan poner el archivo electrónico a disposición de una comunidad de lectores. Se permite tan solo un uso individual y privado

EL NUEVO ESQUEMA DE LA CONTRATACIÓN PÚBLICA EN MÉXICO

(Ley Federal de Adquisiciones 2025)

Procedimiento de selección de originales, ver página web:
www.tirant.net/index.php/editorial/procedimiento-de-seleccion-de-originales

EL NUEVO ESQUEMA DE LA CONTRATACIÓN PÚBLICA EN MÉXICO

(Ley Federal de Adquisiciones 2025)

Incluye su interacción con los Sistemas Nacional Anticorrupción y de Transparencia, las Convenciones Internacionales Anticorrupción y las Responsabilidades Administrativas

Miguel Ángel Basilio Mar

tirant lo blanch
Ciudad de México, 2025

En caso de erratas y actualizaciones, la Editorial Tirant lo Blanch México publicará la pertinente corrección en la página web www.tirant.com/mex/

Este libro será publicado y distribuido internacionalmente en todos los países donde la Editorial Tirant lo Blanch esté presente.

Registro de Derecho de Autor Número 03-2025-050809055000-01.

© EDITA: TIRANT LO BLANCH
DISTRIBUYE: TIRANT LO BLANCH MÉXICO
Av. Tamaulipas 150, Oficina 502
Hipódromo, Cuauhtémoc, 06100 Ciudad de México
Telf: +52 1 55 65502317
infomex@tirant.com
www.tirant.com/mex/
www.tirant.es
ISBN: 979-13-7010-555-6
MAQUETA: Tink Factoría de Color

Si tiene alguna queja o sugerencia, envíenos un mail a: atencioncliente@tirant.com. En caso de no ser atendida su sugerencia, por favor, lea en *www.tirant.net/index.php/empresa/politicas-de-empresa* nuestro procedimiento de quejas.

Responsabilidad Social Corporativa: http://www.tirant.net/Docs/RSCTirant.pdf

Al supremo hacedor de vida, gracias.
A Rosario, mi querida madre.

"Es de vital importancia mantener los esfuerzos para combatir la corrupción, ya que los delitos de esta índole afectan el Estado de derecho, restan eficiencia y confianza en las instituciones; reducen los ingresos gubernamentales; inhiben las inversiones; generan desigualdades y limitan el acceso a los servicios públicos."

DRA. CLAUDIA SHEINBAUM PARDO
Presidenta Constitucional de México

ÍNDICE

Presentación 13

Capítulo I. Nociones generales 15

Capítulo II. Marco normativo 17

Capítulo III. Contrataciones Públicas y Sistema Nacional Anticorrupción 21

Capítulo IV. Contrataciones Públicas y el Sistema de Transparencia y Acceso a la Información Pública 27

Capítulo V. Contrataciones Públicas y las Convenciones Internacionales Contra la Corrupción 31

Capítulo VI. Nueva Ley de Adquisiciones, Arrendamientos y Servicios del Sector Público 39

Capítulo VII. Requisitos previos a los procedimientos de contratación 45

Capítulo VIII. El nuevo esquema de la investigación de mercado: diálogos estratégicos 51

Capítulo IX. La Plataforma Digital de Contrataciones Pública 55

Capítulo X. Los Procedimientos para la Contratación Pública 59

I. Contrataciones que pueden realizar todas las dependencias y entidades........ 60
   1. La Licitación Pública 60
   2. La Invitación a cuando menos 3 personas 65
   3. La Adjudicación directa 68
      3.1. La Adjudicación directa por monto 69
      3.2. La Adjudicación directa por excepción 70

II. Contrataciones derivadas de Acuerdos Marco 72
   1. La Suscripción de Acuerdos Marco 72
   2. Asignación de Contratos Específicos 75

3. Asignación de Órdenes de Suministro derivados de la Tienda Digital del Gobierno Federal ... 76
III. Las Contrataciones Consolidadas ... 77
1. Marco de actuación de la Secretaría Anticorrupción y Buen Gobierno 77
2. Marco de actuación de la Secretaría de Hacienda y Crédito Público ... 78
3. El Comité de Contrataciones Estratégicas ... 79
4. El Diálogo Competitivo ... 81
5. La Adjudicación directa como Estrategia de Contratación ... 87

Capítulo XI. Contrataciones Públicas y Responsabilidades Administrativas ... 93

PRESENTACIÓN

Las contrataciones públicas constituyen un tema de gran trascendencia en la actividad gubernamental, ya que una parte importante del gasto público se ejerce a través de adquisiciones, arrendamientos y servicios que permiten el funcionamiento del aparato gubernamental y la satisfacción de necesidades colectivas.

De las diversas reformas con las que ha iniciado el Gobierno Federal, se identifican dos que tienen que ver con las contrataciones públicas: el cambio de nombre de la Secretaría de la Función Pública a la Secretaría Anticorrupción y Buen Gobierno **y la creación de la nueva Ley de Adquisiciones, Arrendamientos y Servicios del Sector Público**, reformas que llevan implícitas la necesidad de combatir la corrupción para fortalecer las bases para un buen gobierno, el desarrollo económico y la democracia.

Entre los motivos de creación de la nueva Ley de Adquisiciones, están la necesidad de modernizar la regulación de las contrataciones públicas; asegurar las mejores condiciones de contratación para el Estado; y combatir actos de corrupción brindando mayor agilidad, transparencia y competencia en los procedimientos de contratación.

Para ello, la nueva Ley involucra procedimientos novedosos (como los diálogos estratégicos en la investigación de mercado, el diálogo competitivo y la adjudicación directa como estrategia de contratación) cuya ejecución corre a cargo de órganos administrativos diferentes. El presente trabajo tiene como fin explicar y coadyuvar en el entendimiento y la correcta aplicación de los procedimientos de contratación, para facilitar a los servidores públicos e interesados su ejercicio en apego a la actual normatividad.

Para efectos de agilizar la lectura del presente documento, se advierte que ciertas denominaciones que resultan repetitivas, se han abreviado de conformidad con lo siguiente:

LAASSP = a Ley de Adquisiciones, Arrendamientos y Servicios del Sector Público.

SHCP = a Secretaría de Hacienda y Crédito Público.

SACBG = a Secretaría Anticorrupción y Buen Gobierno.

Dependencias y entidades = a Dependencias y entidades de la Administración Pública Federal.

Plataforma = a Plataforma Digital de Contrataciones Públicas.

CCE = a Comité de Contrataciones Estratégicas.

DOF = Diario Oficial de la Federación.

Capítulo I
NOCIONES GENERALES

CONCEPTO DE CONTRATACIONES PÚBLICAS

Son los bienes y servicios que contratan las instituciones de gobierno para el sostenimiento y el funcionamiento de su estructura administrativa, para el logro de los programas gubernamentales y en lo general, para el cumplimiento de los objetivos y atribuciones que los servidores públicos y órganos estatales tienen legalmente encomendados.

IMPORTANCIA DE LAS CONTRATACIONES PÚBLICAS

1. Implican el ejercicio gubernamental de recursos públicos.
2. El gasto de recursos públicos involucran altas sumas de dinero que son de la sociedad.
3. El adecuado ejercicio del dinero en las contrataciones públicas, está directamente relacionado con el desarrollo del país y de los mexicanos.
4. Son importantes para promover la inversión, impulsar la competitividad de las empresas y favorecer las economías.
5. Reflejan el estado de derecho con el que se conduce el gobierno, que está obligado a demostrar honestidad y rendición de cuentas enfrentando la corrupción y fomentando la transparencia en el ejercicio de los recursos públicos, por lo cual deben garantizarse la legalidad y las buenas prácticas.

Capítulo II
MARCO NORMATIVO

El marco normativo de las adquisiciones o contrataciones públicas es muy amplio, porque se relaciona con diversas materias: responsabilidades administrativas, rendición de cuentas, anticorrupción, delitos contra la función pública, disciplina presupuestal, cumplimiento de obligaciones fiscales, fianzas, tratados internacionales, etc.

Entre las normas que inciden en la regulación de las contrataciones públicas, se encuentran las siguientes:

- Constitución Política de los Estados Unidos Mexicanos.
- Tratados o Convenciones Internacionales.
- Ley de Adquisiciones, Arrendamientos y Servicios del Sector Público.
- Ley General de Responsabilidades Administrativas.
- Ley General del Sistema Nacional Anticorrupción.
- Ley de Fiscalización y Rendición de Cuentas de la Federación.
- Ley Orgánica de la Administración Pública Federal.
- Ley Federal de Procedimiento Administrativo.
- Ley Federal de Austeridad Republicana
- Código Penal Federal.
- Presupuestos de Egresos de la Federación.
- Ley Orgánica del Tribunal Federal de Justicia Administrativa.
- Ley Orgánica de la Procuraduría General de la República.
- Reglamento de la Ley de la Adquisiciones, Arrendamientos y Servicios del Sector Público.

No se omite mencionar que con la llegada de la presidenta Claudia Sheinbaum Pardo a la Presidencia de la República, el esquema normativo de los procedimientos de contrataciones pública relacionados con adquisiciones, arrendamientos y servicios se modificó radicalmente, creando una nueva Ley de Adquisiciones, Arrendamientos y Servicios del Sector Público que fue publicada el 16 de abril de 2025 y cambiando sustancialmente las atribuciones de las dependencias y entidades federales, y particularmente las de la Secretaría de Hacienda y Crédito Público y de la Secretaría de la Función Pública (que pasó a ser la nueva Secretaría Anticorrupción y Buen Gobierno).

Para una mayor comprensión de las disposiciones aplicables a las contrataciones públicas, es importante conocer los ordenamientos siguientes:

- El Decreto por el que se expide el Reglamento Interior de la Secretaría Anticorrupción y Buen Gobierno, publicado en el Diario Oficial de la Federación del 31 de diciembre de 2024.
- El Decreto por el que se reforman, adicionan y derogan diversas disposiciones del Reglamento Interior de la Secretaría Anticorrupción y Buen Gobierno, publicado en el Diario Oficial de la Federación del 21 de marzo de 2025.
- El Decreto por el que se reforman, adicionan y derogan diversas disposiciones del Reglamento Interior de la Secretaría de Hacienda y Crédito Público, publicado en el Diario Oficial de la Federación del 24 de febrero de 2025.

Invariablemente de lo anterior, puede señalarse que en México el punto toral de toda regulación en materia de contrataciones públicas, lo debe ser el artículo 134 de la Constitución Política Federal, que en términos generales dispone lo siguiente:

"**Las adquisiciones, arrendamientos y enajenaciones de todo tipo de bienes, prestación de servicios de cualquier naturaleza y la contratación de obra, *se adjudicará o llevará a cabo a través de licitaciones públicas***, a fin de asegurar al Estado las mejores condiciones disponibles en cuanto a precio, calidad, financiamiento, oportunidad y demás circunstancias pertinentes.

Cuando las licitaciones no fueran idóneas para asegurar dichas condiciones, las leyes establecerían las bases, procedimientos, reglas, requisitos y demás elementos para acreditar la economía, eficacia y eficiencia, imparcialidad y honradez que aseguren las mejores condiciones para el Estado."

Lo cual se traduce en el hecho de que toda disposición normativa concerniente a contrataciones públicas, no debe perder el enfoque de usar la licitación pública como instrumento de contratación y de asegurar al Estado, las mejores condiciones disponibles en cuanto a precio, calidad, financiamiento, oportunidad y demás circunstancias pertinentes.

El anterior criterio se reconoce en el artículo 35 de la nueva LAASSP, cuando enuncia:

“**Las adquisiciones, arrendamientos y servicios se adjudicarán, por regla general, a través de licitaciones públicas**, mediante convocatoria pública, para que libremente se presenten proposiciones, solventes en sobre digital, que será abierto públicamente, a fin de asegurar al Estado las mejores condiciones disponibles en cuanto a precio, calidad, financiamiento, oportunidad, crecimiento económico, generación de empleo, eficiencia energética, uso responsable del agua, optimización y uso sustentable de los recursos, así como la protección al medio ambiente y demás circunstancias pertinentes, de acuerdo con lo que establece la presente Ley.”

Del Cuarto transitorio de la citada LAASSP se deriva que su Reglamento sufrirá reformas que deberán realizarse dentro del plazo de noventa días hábiles, contados a partir de la entrada en vigor del Decreto de la LAASSP, a fin de adecuarlo al contenido del mismo. Hasta en tanto eso suceda, se continuará aplicando el Reglamento vigente en lo que no se opongan a la nueva LAASSP.

Capítulo III
CONTRATACIONES PÚBLICAS Y SISTEMA NACIONAL ANTICORRUPCIÓN

En su devenir histórico, México no se ha caracterizado por gozar de las mejores prácticas en el ejercicio de los recursos públicos, salvo casos de administraciones austeras y/o eficientes que constituyen honrosas excepciones. La historia nacional exhibe una tradición de malversación y dispendio de los recursos públicos.

En el año 1982, se suscita un parteaguas en la historia de la regulación del ejercicio de los recursos públicos y las contrataciones públicas, derivado de la desastrosa administración del Gobierno del López Portillo que dio paso a la "Renovación Moral" emprendida por el presidente entrante Miguel de la Madrid.

La manera escandalosa en que se derrocharon los recursos públicos durante la gestión López Portillo, motivo que en 1982 se elevará a rango constitucional importantes directrices para el ejercicio y manejo de los recursos públicos y la ejecución de las contrataciones públicas. La reforma al artículo 134 de la Constitución Política Federal, dispuso sustancialmente que:

a) **Las adquisiciones, arrendamientos y enajenaciones de todo tipo de bienes, prestación de servicios de cualquier naturaleza y la contratación de obra, *se adjudicará o llevará a cabo a través de licitaciones públicas***, a fin de asegurar al Estado las mejores condiciones disponibles en cuanto a precio, calidad, financiamiento, oportunidad y demás circunstancias pertinentes.

b) ***Cuando las licitaciones no fueran idóneas*** para asegurar dichas condiciones, las leyes establecerían las bases, procedimientos, reglas, requisitos y demás elementos para acreditar la economía, eficacia y eficiencia, imparcialidad y honradez que aseguren las mejores condiciones para el Estado.

Con la llamada **"Renovación Moral"** del presidente Miguel de la Madrid, surge la primera dependencia federal con funciones de control: la Secretaría de la Contraloría General de la Federación, creada por decreto de reforma a la Ley Orgánica de la Administración Pública Federal publicado en el Diario Oficial de la Federación del 29 de diciembre de 1982.

A partir de la citada reforma al artículo 134 Constitucional en 1982, surge cierto arrebato institucional por el cuidado en el manejo de los recursos públicos, que en lo sucesivo se convertirá en bandera de partidos políticos y de todas las gestiones gubernamentales; se dispara un frenesí regulatorio del ejercicio de los recursos públicos y las contrataciones públicas, que es tan normativamente abrumador como ineficaz en sus resultados.

Con la reforma en 1982 del artículo 134 constitucional, surge una cuantiosa normatividad secundaria que se despliega a través de una gran diversidad de leyes, reglamentos, circulares y lineamientos, con el fin de garantizar y procurar el adecuado ejercicio de los recursos económicos que pertenecen a la sociedad.

Siendo **Felipe Calderón**, presidente de la nación y casi al cierre de su administración, se promulga el 11 de junio de 2012 la **Ley Federal Anticorrupción en Contrataciones Públicas**, que prosiguió al escándalo político derivado de la inauguración de la **"Estela de Luz"** en enero de 2012, uno de los monumentos más controversiales en la capital del país, conmemorativa del bicentenario de la Independencia de México, obra (2009-2011) envuelta en señalamientos de corrupción y mal manejo de recursos económicos, que según el informe de fiscalización superior, su presupuesto principal fue de 393 millones de pesos, sin embargo, la inversión final fue de 1,304,917 millones de pesos.

El 12 de marzo de 2014, se publica en el Diario Oficial de la Federación: el Acuerdo A/011/14 por el que se crea la **Fiscalía Especializada en materia de Delitos relacionados con Hechos de Corrupción**, adscrita a la Fiscalía General de la República, con el objeto de investigar y perseguir los delitos relacionados con hechos de corrupción de competencia federal, así como cualquier otro delito cometido por un servidor público federal en el desempeño de un empleo, cargo o comisión.

En el año 2015, posterior al escándalo político de la **"Casa Blanca"** del entonces presidente **Peña Nieto** —suscitado en noviembre de 2014—, se publican nuevas e importantes reformas constitucionales en el Diario Oficial de la Federación (27 de mayo de 2015), **que tienen como propósito dar origen** (modificando los artículos 73 fracción XXIV y 113 de la Constitución Federal) **al Sistema**

Nacional Anticorrupción, que surge como una instancia de coordinación entre las autoridades de todos los órdenes de gobierno competentes en la prevención, detección y sanción de responsabilidades administrativas y hechos de corrupción, así como en la fiscalización y control de recursos públicos; reconociéndose así a la corrupción como una realidad lacerante que debe de combatirse.

El 18 de julio de 2016 se publican el Diario Oficial de la Federación una diversidad de leyes secundarias que dan vida al **Sistema Nacional Anticorrupción**, entre las cuales se encuentra la Ley del Sistema Nacional Anticorrupción, que abroga la Ley Federal de Contrataciones Públicas (vigente del 11 de junio del 2012 al 19 de julio de 2017).

Dentro de las acciones que se englobaron y concretaron simultáneamente dentro del contexto del sistema nacional anticorrupción se encuentran:

- La creación de los **sistemas de anticorrupción** (nacional y estatales).
- La creación de una **plataforma digital nacional** a cargo de la Secretaría Ejecutiva del Sistema Nacional Anticorrupción.
- La obligación de los servidores públicos de presentar la **declaración patrimonial y de posible conflicto de interés.**
- La obligación de los servidores públicos de presentar **constancia de declaración fiscal** ante el Sistema de Administración Tributaria de la S.H.C.P.
- Contar los entes públicos con **códigos de ética y códigos de conducta** aplicables a los servidores públicos.
- Contar los entes públicos con **comités de ética.**
- Contar los entes públicos con **reglas de integridad**
- Contar los entes públicos con **protocolos de actuación** de los servidores públicos **en las contrataciones públicas.**
- La obligación de los entes públicos de implementar **mecanismos de colaboración con el sector privado.**
- El endurecimiento de la **responsabilidad administrativa por faltas administrativas graves** relacionadas con el ejercicio de los recursos públicos.

- La tipificación de **actos de particulares vinculados a faltas administrativas graves** contra función pública, incluyendo contrataciones públicas,
- La ampliación y endurecimiento de la figura de los **delitos contra de la función pública**.

Lo anterior, indudablemente fortaleció el marco normativo contra la corrupción, independientemente de las **funciones del control interno y de la fiscalización superior** que ya se ejercían y se ejercen en los entes públicos.

Por lo cual resulta indiscutible admitir que en el país existe una amplia normatividad, instancias y mecanismos enfocados al escrutinio de los recursos públicos que debieran prevenir y erradicar la corrupción, sin embargo, también es de reconocer que, con todo el acervo regulatorio existente, subsiste la insana práctica de malversación y corrupción en el ejercicio de los recursos públicos.

Lo cual obliga a reflexionar sobre la razón o razones que a ello obedece: ¿es una falla del sistema educativo en la inserción de valores cívicos?; ¿es la falta de voluntad política para aplicar la norma?, o ¿es por la idiosincrasia y genética social del mexicano? como lo dijera el expresidente Peña Nieto: la corrupción es un asunto cultural del mexicano.

Lo cierto es que la presencia de una corrupción acentuada y persistente en las instituciones públicas, es una afrenta para el estado de derecho de cualquier Nación, que suele vincularse con autoritarismo, antidemocracia y bajo desarrollo económico.

LA SECRETARÍA ANTICORRUPCIÓN Y BUEN GOBIERNO

Mención especial es la creación de la Secretaría Anticorrupción y Buen Gobierno en sustitución de la Secretaría de la Función Pública.

En la página de la Presidencia de la República, de fecha 17 de octubre de 2024, el Gobierno de México Gobierno de México anunció la creación de Secretaría Anticorrupción y de Buen Gobierno, como un paso clave para consolidar un gobierno más íntegro y eficiente. La presidenta de los Estados Unidos Mexicanos, Claudia Sheinbaum Pardo declaró que "es de vital importancia mantener los esfuerzos para combatir la corrupción, ya que los delitos de esta índole afectan el Estado de derecho, restan eficiencia y confianza en las instituciones; reducen los ingresos gubernamentales; inhiben las inversiones; generan desigualdades y limitan el acceso a los servicios públicos." Lo cual es absolutamente cierto.

La presidenta de la República, Claudia Sheinbaum Pardo, indicó que la nueva Secretaría Anticorrupción y de Buen Gobierno, se encargará de implementar acciones para combatir a la corrupción, como:

1. Dignificar la carrera del servicio público a través de la formación en integridad.
2. Acompañamiento preventivo a las instituciones y blindar programas prioritarios desde el comienzo para inhibir la corrupción.
3. Modernizar la Administración Pública Federal (APF) con ayuda de la digitalización y sistematización que realizará la Agencia de Transformación Digital.
4. Consolidar compras públicas transparentes a precios justos.
5. Transparencia proactiva.
6. Sumar a la sociedad y al sector privado en el combate a la corrupción.
7. Enfocar a los Órganos Internos de Control (OIC) en áreas de mayor impacto y relevancia.
8. Fortalecer la cultura de la denuncia.
9. Realizar investigaciones que inhiban la corrupción.
10. Combatir la impunidad al hacer que violar la ley sea más caro que cumplirla.

La Secretaría Anticorrupción y Buen Gobierno fue creada por modificación a la Ley Orgánica de la Administración Pública Federal, publicada en el Diario Oficial de la Federación el 28 de noviembre de 2024, en sustitución de la Secretaría de la Función Pública. Su objetivo es combatir la corrupción, prevenir la impunidad y fortalecer la transparencia en la administración pública.

Es indiscutible que **el cambio de nombre a Secretaría Anticorrupción y Buen Gobierno** es una medida gubernamental positiva que lleva implícita un reconocimiento a la problemática subsistente que representa la corrupción para el país y la necesidad de combatirla para fortalecer las bases para un buen gobierno; **se confía en que no tenga connotación mediática** y que la sociedad no presencie, una vez más, un cambio de denominación sin resultados, como en su momento lo fueron la Contraloría General de la Federación (1982-1994), la Secretaría de Contraloría y Desarrollo Administrativo (1994-2003) y la Secretaría de la Función Pública (2003-2024).

Dicho cambio vino acompañado de una reforma trascendental y estratégica que, se presume coadyuvará al combate de la corrupción: la creación de una nueva Ley de Adquisiciones, Arrendamientos y Servicios del Sector Público.

Capítulo IV

CONTRATACIONES PÚBLICAS Y EL SISTEMA DE TRANSPARENCIA Y ACCESO A LA INFORMACIÓN PÚBLICA

El acceso a la información pública es un derecho humano contemplado en el artículo 6o. de la Constitución Política de los Estados Unidos Mexicanos, que tiene como fin promover la transparencia y rendición de cuentas del Estado mexicano.

La nueva Ley General de Transparencia y Acceso a la Información Pública, publicada en el Diario Oficial de la Federación el 20 de marzo de 2025, crea el Sistema Nacional de Acceso a la Información Pública a cargo de un Consejo Nacional presidido por la Secretaría Anticorrupción y Buen Gobierno. A través de dicho sistema se canaliza el derecho de los particulares a recibir información y la obligación correlativa de los sujetos obligados (entes públicos) que reciben y ejercen recursos públicos, de divulgar todos los datos necesarios de su actividad.

El cumplimiento de las disposiciones, obligaciones y procedimientos, señaladas en la citada Ley, se controla mediante la Plataforma Nacional de Transparencia, cuya administración está igualmente a cargo de la Secretaría Anticorrupción y Buen Gobierno. En la citada Plataforma se registran y vinculan las solicitudes de acceso a la información; la gestión de medios de impugnación; los portales de obligaciones de transparencia; la comunicación entre las Autoridades garantes y sujetos obligados, y cualquier otro que derive del Sistema Nacional.

En el ámbito federal, la autoridad garante del cumplimiento de las disposiciones en materia de transparencia, es el **órgano administrativo desconcentrado de la Secretaría Anticorrupción y Buen Gobierno, denominado "Transparencia para el Pueblo"**, quien precisamente sustituye las funciones de lo que fue el Instituto Nacional de Transparencia, Acceso a la Información y Protección de Datos Personales. El 21 de marzo de 2025, se publicó en el Diario Oficial de la Federación: el Decreto por el que se expide el Reglamento Interior de Transparencia para el Pueblo.

En el ámbito local, las autoridades garantes serán los órganos encargados de la contraloría u homólogos en el Poder Ejecutivo de las entidades federativas, quienes conocerán también de los asuntos en materia de transparencia de sus municipios o demarcaciones territoriales en la Ciudad de México.

La transparencia es un signo inequívoco del estado de derecho y todo gobierno democrático está obligado transparentar a la sociedad el ejercicio de sus acciones como un ejercicio de rendición de cuentas. Las contrataciones públicas con sus respectivos procedimientos administrativos, constituyen sin discusión alguna, acciones de gobierno que deben ser transparentadas porque implican el ejercicio considerable de recursos públicos y la sociedad debe tener plena certeza de su adecuado uso.

Por ello, el artículo 65, fracción XXVI, de la Ley General de Transparencia y Acceso a la Información Pública dispone que los sujetos obligados (entes públicos) como parte de las **obligaciones de transparencia común deben poner a disposición del público y mantener actualizado en sus respectivos medios electrónicos:** *los resultados de los procedimientos de adjudicación directa, invitación restringida y licitación de cualquier naturaleza, incluyendo la versión pública del Expediente respectivo y de los contratos celebrados*, que deberá contener, por lo menos, lo siguiente:

"**a) De licitaciones públicas o procedimientos de invitación restringida:**

1. La convocatoria o invitación emitida, así como los fundamentos legales aplicados para llevarla a cabo;
2. Los nombres de las personas participantes o invitadas;
3. El nombre de la persona ganadora y las razones que lo justifican;
4. El Área solicitante y la responsable de su ejecución;
5. Las convocatorias e invitaciones emitidas;
6. Los dictámenes y fallo de adjudicación;
7. El contrato y, en su caso, sus anexos;
8. Los mecanismos de vigilancia y supervisión, incluyendo, en su caso, los estudios de impacto urbano y ambiental, según corresponda;
9. La partida presupuestal, de conformidad con el clasificador por objeto del gasto, en el caso de ser aplicable;
10. Origen de los recursos especificando si son federales, estatales o municipales, así como el tipo de fondo de participación o aportación respectiva;
11. Los convenios modificatorios que, en su caso, sean firmados, precisando el objeto y la fecha de celebración;
12. Los informes de avance físico y financiero sobre las obras o servicios contratados;

13. El convenio de terminación, y
14. El finiquito, y

b) De las adjudicaciones directas:

1. La propuesta enviada por el participante;
2. Los motivos y fundamentos legales aplicados para llevarla a cabo;
3. La autorización del ejercicio de la opción;
4. En su caso, las cotizaciones consideradas, especificando los nombres de proveedores y los montos;
5. El nombre de la persona física o moral adjudicada;
6. La unidad administrativa solicitante y la responsable de su ejecución;
7. El número, fecha, el monto del contrato y el plazo de entrega o de ejecución de los servicios u obra;
8. Los mecanismos de vigilancia y supervisión, incluyendo, en su caso, los estudios de impacto urbano y ambiental, según corresponda;
9. Los informes de avance sobre las obras o servicios contratados;
10. El convenio de terminación, y
11. El finiquito."

Con lo anterior, el marco constitucional y legal obliga a las autoridades a transparentar sus procedimientos de contrataciones públicas, como una manera de rendir cuentas que exhiba su honestidad y legalidad; otorgando correlativamente a la sociedad el derecho de acceder a información de interés público con el propósito de que pueda ejecutar acciones de seguimiento, revisión, vigilancia y cuestionamiento si se identifican actos o hechos de corrupción.

Uno de los graves problemas que se enfrenta en materia de transparencia, es que los procesos de contrataciones públicas se registran tiempo después de que suceden (de 6 meses hasta 2 años posteriores), con tal desfasamiento es imposible para la sociedad dar seguimiento a ejecución de los contratos y ejercicio del gasto público de manera oportuna y, tratándose de adjudicaciones directas e incluso concursos por invitación muchas veces no se registra la información. El registro tardío de información o su falta de registros en las páginas electrónicas de los entes públicos o plataformas tecnológicas, es una mala práctica que subsiste.

El otro aspecto que obstaculiza la transparencia, es que siendo las contrataciones públicas información a la cual la ciudadanía debería tener fácil acceso, los registros en las páginas web de los entes públicos no son visibles, sino que se encubren o se embrollan entre una serie de fases, campos o capas digitales que hacen verdaderamente difícil su seguimiento, por lo cual es común desistir de la búsqueda de información, mucho más si la persona carece de habilidades digitales.

Por lo anterior, es obligación de los entes públicos el registrar en sus páginas o plataformas electrónicas institucionales —**de manera integral, oportuna, visible y accesible**— toda la información concerniente a sus procedimientos administrativos de contratación pública a que les obliga la Ley General de Transparencia y Acceso a la Información Pública.

Por otra parte, resultaría deseable que tratándose de contrataciones públicas, los registros de la **Plataforma Nacional de Transparencia**, guardaran cierta interoperabilidad con los registros de la **Plataforma Digital de Contrataciones Públicas**, a través de un identificador o código que permitiera la confrontación o complementariedad de los datos, de manera que las plataformas no funjan como simples depósitos de información, sino como instrumentos eficaces para identificar vicios en los procedimientos de contratación y atajar los espacios de riesgo y opacidad para combatir la corrupción.

Capítulo V
CONTRATACIONES PÚBLICAS Y LAS CONVENCIONES INTERNACIONALES CONTRA LA CORRUPCIÓN

Las convenciones internacionales contra la corrupción firmadas por el Estado Mexicano, forman parte importante del marco normativo y de las obligaciones que constriñen a las autoridades a una adecuada actuación en materia de contrataciones públicas, por las consideraciones siguientes:

1. Por mandato del artículo 1° de la Constitución Política Federal, las normas relativas a los derechos humanos se interpretan en conformidad con dicha Constitución y con los **tratados internacionales de la materia** favoreciendo en todo tiempo a las personas en la protección más amplia.

2. Los tratados, convenios o cartas internacionales suscritas por el Estado Mexicano **constituyen ley suprema en México**, de conformidad con el **principio de jerarquía de las normas**, establecido en el artículo 133 de la Constitución Política Federal.

3. Las personas en México gozan del **Derecho Humano a la Buena Administración Pública**, que se deriva de la obligación del Estado Mexicano de proteger y garantizar los derechos humanos **de conformidad** con los principios de universalidad, interdependencia, indivisibilidad y progresividad señalados en el artículo 1° de la Constitución Política Federal y de los principios y directrices previstos en los artículos 109, 113 y 134 de la propia Constitución Política Federal y 5° de la Ley General del Sistema Nacional Anticorrupción, que conllevan entre otros aspectos la obligación gubernamental de generar acciones y políticas públicas para combatir la corrupción.

4. La observancia de **los Derechos Humanos y particularmente el Derecho Humano a la Buena Administración Pública**, están reconocidos

como una obligación de los entes públicos, del servicio público y de sus servidores públicos, y están retomados en los artículos 6 y 7 de la Ley General de Responsabilidades Administrativas.

5. Todos los órganos judiciales del Estado mexicano y los jueces nacionales están obligados de oficio a realizar un amplio **control de la convencionalidad**, es decir de garantizar la protección de los derechos humanos reconocidos en los tratados o convenciones internacionales.

En consecuencia, todos los poderes y entes públicos del Estado mexicano, están obligados a diseñar disposiciones, normas, mecanismos o procedimientos que cumplan con los compromisos internacionales pactados en materia anticorrupción, y a ceñir su actuación a las convenciones pactadas que se enuncian a continuación:

- La Convención para Combatir el Cohecho de Servidores Públicos Extranjeros en Transacciones Comerciales Internacionales de la Organización para la Cooperación y Desarrollo Económicos (OCDE).
- La Convención Interamericana contra la Corrupción de la Organización de Estados Americanos (OEA)
- La Convención de las Naciones Unidas contra la Corrupción (UNCAC).
- La Carta Iberoamericana de los Derechos y Deberes del Ciudadano en Relación con la Administración Pública.

Convención para Combatir el Cohecho de Servidores Públicos Extranjeros en Transacciones Comerciales Internacionales de la Organización para la Cooperación y Desarrollo Económicos (OCDE)

También conocida como **Convención Anticohecho de la OCDE,** fue firmada por México el 17 de diciembre de 1987 y entró en vigor el 26 de julio de 1999.

Es un instrumento internacional contra la corrupción, enfocado en sancionar al cohecho de servidores extranjeros en transacciones comerciales internacionales, combate específicamente el "cohecho activo", es decir, persigue a la persona o a la entidad que ofrece, promete u otorga una dádiva.

El artículo 1° de la Convención Anticohecho de la OCDE **define el Cohecho de Servidores Públicos Extranjeros como**: la oferta, promesa o la realización de un pago indebido u otra ventaja, sea directamente o a través de intermediario, a un servidor público en su beneficio o en el de un tercero, a fin de que ese funcionario actúe o deje de hacer, en cumplimiento de sus deberes oficiales, con el propósito de obtener o mantener un negocio o cualquier otra ventaja indebida, en la realización de negocios internacionales.

La Convención Anticohecho considera que para que pueda darse una verdadera igualdad de oportunidades entre las empresas que compiten por las contrataciones públicas o gubernamentales, es necesario prevenir el cohecho en las relaciones de los negocios internacionales.

Convención Interamericana contra la Corrupción de la Organización de Estados Americanos (OEA)

También conocida como **CICC**, fue firmada por México el 29 de marzo de 1996 en Caracas, Venezuela y aprobada por la Cámara de Senadores del Congreso de la Unión el 30 de octubre de 1996.

La CICC es un tratado suscrito por los 34 Estados miembros de la OEA, en el cual se comprometen a trabajar conjuntamente en la lucha contra la corrupción, estableciendo medidas para prevenir, detectar, investigar, sancionar actos de corrupción y recuperar activos producto de los mismos.

La CICC parte del hecho de que, si toda democracia persigue la estabilidad, la paz y el desarrollo de los pueblos, debe en consecuencia, **combatir toda forma de corrupción en el ejercicio de las funciones públicas**, pues esta socava la legitimidad de las instituciones públicas y atenta contra la sociedad, el orden moral y la justicia, así como contra el desarrollo integral de la sociedad. Se tiene la premisa de que el combate contra la corrupción fortalece las instituciones democráticas, evita distorsiones de la economía, vicios en la gestión pública y el deterioro de la moral social.

La CICC en sus numerales 1, 3, 4, 5 y 10 del artículo III denominado "Medidas Preventivas" se establecen importantes obligaciones para el Estado mexicano en materia de contrataciones públicas, en el sentido de crear, mantener y fortalecer:

"1. Normas de conducta para el correcto, honorable y adecuado cumplimiento de las funciones públicas. Estas normas deberán estar orientadas a **prevenir conflictos de intereses y asegurar la preservación y el uso adecuado de los recursos asignados a los funcionarios públicos en el desempeño de sus funciones**. Establecerán también las medidas y sistemas que exijan a los funcionarios públicos informar a las autoridades competentes sobre los actos de corrupción en la función pública de los que tengan conocimiento. Tales medidas ayudarán a preservar la confianza en la integridad de los funcionarios públicos y en la gestión pública."

"3. Instrucciones al personal de las entidades públicas, que aseguren **la adecuada comprensión de sus responsabilidades y las normas éticas** que rigen sus actividades.

4. **Sistemas para la declaración de los ingresos, activos y pasivos por parte de las personas que desempeñan funciones públicas** en los cargos que establezca la ley y para la publicación de tales declaraciones cuando corresponda.

5. Sistemas para la contratación de funcionarios públicos y para la adquisición de bienes y servicios por parte del Estado **que aseguren la publicidad, equidad y eficiencia** de tales sistemas."

"10. **Medidas que impidan el soborno de funcionarios públicos** nacionales y extranjeros, tales como mecanismos para asegurar que las sociedades mercantiles y otros tipos de asociaciones mantengan registros que reflejen con exactitud y razonable detalle la adquisición y enajenación de activos, y que establezcan suficientes controles contables internos que permitan a su personal detectar actos de corrupción.

11. Mecanismos para estimular la participación de la sociedad civil y de las organizaciones no gubernamentales en los esfuerzos destinados a prevenir la corrupción."

Convención de las Naciones Unidas contra la Corrupción (UNCAC)

La Cámara de Senadores del H. Congreso de la Unión en México, aprobó la Convención de las Naciones Unidas contra la Corrupción (UNCAC) el 29 de abril de 2004, habiéndose adoptado por la ONU en Nueva York, Estados Unidos, el 31 de octubre de 2003.

Su finalidad es:

"a) Promover y fortalecer las medidas para **prevenir y combatir más eficaz y eficientemente la corrupción**;

b) Promover, facilitar y apoyar la cooperación internacional y la asistencia técnica en la prevención y la lucha contra la corrupción, incluida la recuperación de activos;

> c) Promover la integridad, la **obligación de rendir cuentas** y la debida gestión de los asuntos y los bienes públicos."

El numeral 1° del artículo 9 de dicha convención, establece amplias obligaciones para el Estado mexicano, relacionadas con los procedimientos de contratación públicas, mismas que por su importancia se transcriben a continuación:

> "1. Cada Estado Parte, de conformidad con los principios fundamentales de su ordenamiento jurídico, adoptará las medidas necesarias para establecer sistemas apropiados de contratación pública, **basados en la transparencia, la competencia** y criterios objetivos de adopción de decisiones, que sean eficaces, entre otras cosas, para prevenir la corrupción. Esos sistemas, en cuya aplicación se podrán tener en cuenta valores mínimos apropiados, deberán abordar, entre otras cosas:
>
> a) **La difusión pública de información relativa a procedimientos de contratación pública y contratos**, incluida información sobre licitaciones e información pertinente u oportuna sobre la adjudicación de contratos, a fin de que los licitadores potenciales dispongan de tiempo suficiente para preparar y presentar sus ofertas;
>
> b) La formulación previa de las condiciones de participación, incluidos criterios de selección y adjudicación y reglas de licitación, así como su publicación;
>
> c) La aplicación de criterios objetivos y predeterminados para la adopción de decisiones sobre contratación pública a fin de facilitar la ulterior verificación de la aplicación correcta de las reglas o procedimientos;
>
> d) Un mecanismo eficaz de examen interno, incluido un sistema eficaz de apelación, para garantizar recursos y soluciones legales en el caso de que no se respeten las reglas o los procedimientos establecidos conforme al presente párrafo;
>
> e) Cuando proceda, la adopción de medidas para reglamentar las cuestiones relativas al personal encargado de la contratación pública, en particular declaraciones de interés respecto de determinadas contrataciones públicas, procedimientos de preselección y requisitos de capacitación."

Sin omitir mencionar que en su artículo 8, se deriva la obligación de los Estados firmantes de implementar reglas de identidad y códigos de conducta:

> "1. Con objeto de combatir la corrupción, cada Estado Parte, de conformidad con los principios fundamentales de su ordenamiento jurídico, promoverá, entre otras cosas, **la integridad, la honestidad y la responsabilidad entre sus funcionarios públicos.**
>
> 2. En particular, cada Estado Parte procurará aplicar, en sus propios ordenamientos institucionales y jurídicos, **códigos o normas de conducta** para el correcto, honorable y debido cumplimiento de las funciones públicas."

Carta Iberoamericana de los Derechos y Deberes del Ciudadano en Relación con la Administración Pública

La Carta Iberoamericana de los Derechos y Deberes del Ciudadano en Relación con la Administración Pública fue adoptada y suscrita por México en la XXIII Cumbre Iberoamericana de Jefes de Estado y de Gobierno, realizada en Panamá los días 18 y 19 de octubre de 2013.

En su numeral 1 del capítulo primero, la Carta de los Derechos y Deberes del Ciudadano en relación con la Administración Pública, enuncia que su finalidad es **el reconocimiento del derecho fundamental de la persona a la buena Administración Pública** y que los ciudadanos iberoamericanos asuman una mayor conciencia de su posición en el sistema administrativo, de manera que puedan exigir de las autoridades y funcionarios, actuaciones orientadas al interés general y a la promoción de la dignidad humana.

En su numeral 2 del capítulo segundo, la Carta establece importantes principios para procurar el buen funcionamiento de las instituciones públicas y la observación estricta del Ordenamiento Jurídico y de los cuales derivan los principios 7, 8, 12 y 14 vinculados con el ejercicio de los recursos públicos que tienen alcance en las contrataciones públicas:

> "7. El **principio de eficiencia** obliga a todas las autoridades y funcionarios a optimizar los resultados alcanzados en relación con los recursos disponibles e invertidos en su consecución en un marco de compatibilidad con la equidad y con el servicio objetivo al interés general.
>
> 8. De acuerdo con el **principio de economía**, el funcionamiento de la Administración Pública estará guiado por el uso racional de los recursos públicos disponibles. El gasto público se realizará atendiendo a criterios de equidad, economía, eficiencia y transparencia."
>
> "12. **Principio de ética**, en cuya virtud todas las personas al servicio de la Administración pública deberán actuar con rectitud, lealtad y honestidad, promoviéndose la misión de servicio, la probidad, la honradez, la integridad, la imparcialidad, la buena fe, la confianza mutua, la solidaridad, la transparencia, la dedicación al trabajo en el marco de los más altos estándares profesionales, el respeto a los ciudadanos, la diligencia, la austeridad en el manejo de los fondos y recursos públicos así como la primacía del interés general sobre el particular."
>
> "14. **Principio de publicidad y claridad de las normas, de los procedimientos y del entero quehacer administrativo** en el marco del respeto del derecho a la intimidad y de las reservas que por razones de confidencialidad o interés general, que serán objeto de interpretación restrictiva. Las autoridades procurarán dar a conocer a los ciudadanos y a los interesados, de forma

sistemática y permanente, según las diferentes legislaciones de cada uno los países de la región, sus actos, contratos y resoluciones, mediante comunicaciones, notificaciones y publicaciones, incluyendo el empleo de tecnologías que permitan difundir de forma masiva tal información."

La Carta Iberoamericana de los Derechos y Deberes del Ciudadano en Relación con la Administración Pública pregona que el ser humano, debe ser principio y fin del Estado, que el interés general debe estar administrado de tal forma que las Administraciones Públicas hagan posible el libre y solidario desarrollo de cada persona en sociedad; y que el Gobierno y la Administración Pública del interés general se realice en forma que prevalezca la dignidad y todos los derechos fundamentales del ciudadano

A continuación, se transcribe un interesante criterio jurisdiccional que ilustra sobre la importancia jurídica del Derecho Humano a la Buena Administración Pública:

Tesis aislada administrativa N° I.4o.A.14 A (11a.) emitida por el Cuarto Tribunal Colegiado en Materia Administrativa del Primer Circuito, dentro del Juicio de Amparo Directo 315/2021 publicada el 18 de marzo de 2022 en la Gaceta del Semanario Judicial de la Federación, en el Libro 11, Tomo IV, página 3463, con registro digital 2024340.

> **"Responsabilidad patrimonial del estado. Procede la reparación integral del daño y, por ende, el pago de la indemnización correspondiente cuando se viola el derecho fundamental a una buena administración pública (legislación de la ciudad de México)."**
>
> **Hechos:** Una persona presentó reclamación de responsabilidad patrimonial contra la actividad irregular de la Agencia de Gestión Urbana y de una Alcaldía de la Ciudad de México, con motivo del fallecimiento de su cónyuge, quien al conducir una motocicleta en un puente vehicular y derivado de su falta de mantenimiento, al pasar por un "bache", perdió el control e impactó contra los barrotes de contención y salió proyectado por encima del puente.
>
> **Criterio jurídico:** Este Tribunal Colegiado de Circuito determina que procede la reparación integral del daño y, por ende, el pago de la indemnización por responsabilidad patrimonial del Estado, cuando se viola el derecho fundamental a una buena administración pública, al demostrarse la concurrencia de hechos y condiciones causales entre el daño patrimonial causado y la actividad irregular reclamada.
>
> **Justificación:** Lo anterior, porque *la buena administración pública es un derecho fundamental de las personas y un principio de actuación para los poderes públicos*, el cual se vincula e interrelaciona con otros; con sustento en él deben generarse acciones y políticas públicas orientadas a la apertura

gubernamental, para contribuir a la solución de los problemas públicos a través de instrumentos ciudadanos participativos, efectivos y transversales. Es así que *todo servidor público garantizará, en el ejercicio de sus funciones, el cumplimiento y observancia de los principios generales y fines que rigen la función pública, respetando los valores de dignidad, ética, justicia, lealtad, libertad y seguridad de las personas*. En la Ciudad de México está garantizado el derecho referido a través de un gobierno que debe ser abierto, integral, honesto, transparente, profesional, eficaz, eficiente, austero, incluyente y resiliente, conforme a la Carta Iberoamericana de los Derechos y Deberes del Ciudadano en Relación con la Administración Pública (suscrita por México los días 18 y 19 de octubre de 2013) y a los artículos **60 de la Constitución Política, 2o. de la Ley Orgánica del Poder Ejecutivo y de la Administración Pública** y **36 de la Ley Constitucional de Derechos Humanos y sus Garantías**, todas de la Ciudad de México. Su conformación jurídica implica una serie de principios y directrices previstos en los artículos **109 y 134 de la Constitución General**, correlacionados con otros contenidos en los diversos **6 y 7 de la Ley General de Responsabilidades Administrativas** y **5 de la Ley General del Sistema Nacional Anticorrupción**; su propósito es generar acciones y políticas públicas orientadas a la apertura gubernamental para combatir la corrupción y contribuir a la solución de los problemas públicos mediante instrumentos ciudadanos participativos. Todas estas prevenciones implican cambios estructurales en la conformación y en la operación de la administración y son la esencia de la buena administración. En consecuencia, los entes públicos están obligados a crear y mantener condiciones estructurales y normativas que permitan el adecuado funcionamiento del Estado en su conjunto, aunado a la actuación ética y responsable de cada servidor público, conforme al precepto 6 indicado, lo que se traduce en obligaciones y deberes específicos y puntuales, determinantes de la obligación de la administración para crear condiciones de regularidad, funcionalidad, eficacia y eficiencia en favor de los ciudadanos. Ahora bien, no acatar tales deberes conlleva la reparación integral del daño a la parte afectada, y en términos del artículo **1o., párrafo último, de la Ley General de Víctimas** dicha reparación comprende medidas de restitución, rehabilitación, compensación, satisfacción y garantías de no repetición de las irregularidades que generaron graves riesgos y daños consumados, como la muerte del cónyuge de la quejosa, solicitante de la reclamación por responsabilidad patrimonial del Estado, quien debe ser compensada económicamente. Lo anterior, porque es obligación de las autoridades demandadas dar un adecuado mantenimiento a las vías de circulación vehicular, de acuerdo con los artículos **15, fracción I, 178, fracción I y 181, párrafo último, de la Ley de Movilidad de la Ciudad de México, 39, fracción LIII, de la Ley Orgánica de la Administración Pública del Distrito Federal** abrogada, **207 Ter y 207 Quinquies, fracciones III y IV, del Reglamento Interior de la Administración Pública del Distrito Federal** abrogado.

Capítulo VI

NUEVA LEY DE ADQUISICIONES, ARRENDAMIENTOS Y SERVICIOS DEL SECTOR PÚBLICO

Aunque las contrataciones públicas han representado siempre un sensible asunto de interés público, que merece toda la atención por involucrar el manejo de los recursos públicos, su regulación normativa constituyó durante mucho tiempo un grave pendiente con la sociedad mexicana, ya que el constituyente de 1917 prácticamente no estipuló en la Constitución de 1917 la figura de las adquisiciones o compras gubernamentales, sino que se constriñó a la obra pública.

El texto original del artículo 134 constitucional que estuvo sorprendentemente vigente hasta el 28 de diciembre de 1982, señalaba escuetamente lo siguiente:

> "Todos los contratos que el Gobierno tenga que celebrar para la ejecución de obras públicas, serán adjudicados en subasta, mediante convocatoria, y para que se presenten proposiciones en sobre cerrado que será abierto en junta pública".

Es importante comentar que, aunque existían leyes o reglamentos que regulaban las disposiciones para el manejo de adquisiciones o contratación de servicios y arrendamientos relacionados con bienes muebles, se aplicaban carentes de fundamento constitucional, por lo tanto, los procedimientos no tenían la fuerza y la claridad que tuvieron con la reforma constitucional al artículo 134 constitucional suscitada en el año 1982, en el cual se instituye la figura de la licitación pública.

A continuación, una breve cronología de las legislaciones federales que en materia de adquisiciones públicas se han aplicado:

- Ley de Inspección de Adquisiciones (1965).
- Ley de Inspección de Adquisiciones-reforma (1972).

- Ley de Servicios, Arrendamientos y Almacenes de la Administración Pública Federal (1979).
- Normas de concursos para la adquisición de mercancías, materias primas y bienes muebles (1980).
- Ley de Adquisiciones, Arrendamientos y Prestación de Servicios relativos a Bienes Muebles (1985).
- Ley de Adquisiciones y Obras Públicas (1993).
- Ley de Adquisiciones, Arrendamientos y Servicios del Sector Público" (2000).

Ley de Adquisiciones, Arrendamientos y Servicios del Sector Público" (2025)

Con fecha 16 de abril de 2025 se publica en el Diario Oficial de la Federación una nueva Ley de Adquisiciones, Arrendamientos y Servicios del Sector Público **(en lo sucesivo LAASSP)**, que abroga a la que fuera publicada en el Diario Oficial de la Federación el 4 de enero de 2000.

Entre los motivos que se hicieron valer en el dictamen con el que la Cámara de Diputados aprobó la expedición de la nueva LAASSP se encuentran los siguientes:

- ➢ Modernizar la regulación de contrataciones públicas.
- ➢ Actualizar el sistema de contrataciones públicas para dar cumplimiento a los principios de eficiencia, eficacia, economía, transparencia y honradez, asegurando las mejores condiciones de contratación para el Estado, a partir de mejores prácticas.
- ➢ Combatir actos de corrupción en los procedimientos de compras públicas.
- ➢ Lograr una efectiva competencia entre los posibles proveedores e igualdad de circunstancias para los participantes.
- ➢ Brindar mayor agilidad y transparencia a todos los procedimientos de contratación que se implementan en la Administración Pública Federal.

Entre los aspectos más novedosos de la LAASSP, destacan los siguientes:

a) Se amplían los procedimientos administrativos de contratación (artículo 35): a los tres ya establecidos (Licitación Pública, Invitación a cuando menos 3 empresas y Adjudicación directa) se adicionan otros cuatro más:

- La Asignación de un contrato específico derivado de la suscripción de un acuerdo marco (antes contrato marco).
- La Asignación de órdenes de suministro derivados de la Tienda Digital del Gobierno Federal u órdenes de servicios conforme a los catálogos electrónicos.
- La Adjudicación directa como estrategia de contratación.
- El Diálogo competitivo.

b) Los procedimientos de contratación de invitación a cuando menos tres personas y de adjudicación directa, al igual que la licitación pública, también serán nacionales, internacionales bajo la cobertura de tratados e internacionales abiertos (artículos 39 y 53).

c) Se crea la **Plataforma Digital de Contrataciones Públicas**, en sustitución del CompraNet (artículo 5 fracción XI).

d) Todos los procedimientos de contratación serán de carácter electrónico dentro de la Plataforma Digital de Contrataciones Públicas, quedan sin efecto procedimientos presenciales o mixtos (artículo 36).

e) Se impulsa y consolida la política de consolidación de las contrataciones públicas de la Administración Pública Federal (artículos 21, 23 y 35).

f) Se retoma la figura de los contratos marcos, sustituyéndolos por acuerdos marcos, de los cuales podrán desprenderse contratos específicos para las dependencias y entidades (artículos 23, 25 y 59)

g) Se otorga a la Secretaría de Hacienda y Crédito Público (SHCP) la facultad de efectuar contrataciones consolidadas (artículos 21 y 23) a través de los procedimientos de Adjudicación directa como estrategia de contratación (artículos 60 y 61) y Diálogo competitivo (artículos 63 y 64).

h) Se otorga a la Secretaría Anticorrupción y Buen Gobierno la facultad de determinar los bienes y servicios susceptibles de ser adquiridos, arrendados o contratados de forma consolidada (artículo 21).

i) Se crea el **Comité de Contrataciones Estratégicas** (integrado por representantes de la SHCP, la Secretaría Anticorrupción y Buen Gobierno y la Secretaría de Economía) quien será el encargado de aprobar los bienes o servicios susceptibles de ser adquiridos, arrendados o contratados de forma consolidada (artículos 21 fracción I y 22).

j) Se faculta que las dependencias y entidades puedan llevar a cabo licitaciones públicas de carácter nacional **en las que únicamente puedan participar** Mipymes, cooperativas y organismos del sector social de la economía certificados por el Instituto Nacional de la Economía Social (artículo 18 fracción IV).

k) Se faculta a que el Comité de Contrataciones Estratégicas pueda autorizar a la SHCP la contratación consolidada de adquisiciones, arrendamientos y servicios a través de un procedimiento de diálogo competitivo, sin sujetarse al procedimiento de licitación pública y sin previa investigación de mercado (artículo 63).

l) Se innova la investigación de mercado, permitiendo a las dependencias y entidades llevar a cabo diálogos estratégicos con los particulares, en el que se puede negociar con los particulares aspectos como descripción de los bienes o servicios, condiciones de entrega, beneficios y precios, etc. (Artículo 34)

m) Se amplía la esfera de la adjudicación directa: a la adjudicación directa por monto (artículo 58) y a la adjudicación directa por excepción a la licitación pública (artículos 54 y 57), se suma la adjudicación directa como estrategia de contratación (artículos 60 y 61).

n) Se regulan procedimientos administrativos para la adjudicación directa por excepción (artículo 57) y por monto (artículo 58).

ñ) Se regulan con claridad los procesos de cada uno de los procedimientos de contratación.

Inconvenientes:

a) El principal inconveniente de la nueva LAASSP es que da lugar a que se esquive la licitación pública, y se recurra a cualquiera de los otros seis procedimientos establecidos en el artículo 35 que, en esencia son mecanismos cerrados que derivan en la adjudicación directa o semidirecta (invitaciones); esto cuando el artículo 134 constitucional establece a la licitación pública como instrumento principal de contratación y solo la excluye cuando no sea idónea; por lo cual el legislativo debería diseñar mecanismos para orientar que las contrataciones se asignen mediante licitación pública.

b) El que los procedimientos de contratación sean difundidos en la Plataforma Digital de Contrataciones Públicas, no implica que los contratos se concursen públicamente, sino simplemente que los procedimientos administrativos cerrados —o alternos a la licitación pública— se difundan.

c) El nuevo esquema de investigación de mercado que permite a las dependencias y entidades llevar a cabo diálogos estratégicos con los particulares resulta particularmente complejo.

d) Permitir que la SHCP efectué contrataciones consolidadas de adquisiciones, arrendamientos y servicios, a través de procedimientos de diálogo competitivo **sin sujetarse al procedimiento de licitación pública y sin previa investigación de mercado,** no garantiza la imparcialidad de las contrataciones. Sin concurso púbico ni investigación mercado puede impedirse que se observe lo dispuesto por el artículo 134 constitucional de: garantizar al Estado las mejores condiciones disponibles en cuanto a precio, calidad, financiamiento, oportunidad y demás circunstancias pertinentes; y acreditar la economía, eficacia y eficiencia, imparcialidad y honradez que aseguren las mejores condiciones para el Estado.

e) El hecho de que las contrataciones consolidadas se encarguen a la SHCP con la intervención de la Secretaría Anticorrupción y Buen Gobierno y/o los órganos internos de control, no garantizan necesariamente la pertinencia de las asignaciones, debiendo cuidarse que la consolidación no derive en la simplificación de los mecanismos de corrupción, más aún si los procedimientos consolidados de contratación quedan exentos de la licitación pública y de la investigación de mercado.

Capítulo VII
REQUISITOS PREVIOS A LOS PROCEDIMIENTOS DE CONTRATACIÓN

Conforme a la normatividad, los procedimientos de contratación pública deben de satisfacer, en una primera fase, un conjunto de requisitos para su validez, que se suscitan dentro de la actividad administrativa interna de las instituciones y que permiten activar en una segunda fase, los procedimientos formales de contratación.

Dentro de dichos requisitos previos están los siguientes:

a) Requerimiento o solicitud de los bienes por las áreas usuarias o solicitantes.

b) Existencia de presupuesto autorizado.

c) Identificación del origen o fuente del recurso.

d) Investigación de mercado.

e) Determinación del presupuesto base de la contratación.

f) Valoración y selección del procedimiento de contratación.

REQUERIMIENTO O SOLICITUD DE LOS BIENES POR LAS ÁREAS USUARIAS O SOLICITANTES

La dependencia o entidad convocante no puede emplear con discrecionalidad los recursos públicos que están bajo su disposición, sino en conformidad con los programas y presupuestos autorizados y en atención a sus carencias y necesidades, por lo que toda contratación debe estar motivada con un requerimiento escrito por el área solicitante.

En dicho requerimiento debe señalarse con objetividad y brevedad, entre otros aspectos los siguientes:

- La descripción, unidad de medida y cantidad de los bienes solicitados.
- La necesidad que van a satisfacer o el programa en que se van aplicar.
- La partida o fuente de disponibilidad presupuestaria o financiera a afectarse.
- El nombre y firma de titular del área solicitante en hoja membretada u oficial;
- Si el pedimento se inclina por un tipo de bien o servicio en especial, justificar el motivo o adjuntar dictamen técnico debidamente firmado.

EXISTENCIA DE PRESUPUESTO AUTORIZADO

La celebración del contrato por parte de la Administración Pública representa una obligación que afecta al gasto público, por lo que es menester que exista partida presupuestal con fondos autorizados con los que se pueda solventar. Por tal razón antes de iniciar un procedimiento de contratación, el área responsable de la contratación debe verificar que se cuente con presupuesto autorizado en la partida respectiva y en caso de ser positivo proceder a la contratación. (Ver artículo 33 LAASSP)

IDENTIFICACIÓN DEL ORIGEN O FUENTE DEL RECURSO

Para la planeación del procedimiento de contratación es muy importante considerar la fuente del recurso que se va a ejercer, ya que el origen del recurso nos da la pauta para aplicar la normatividad adecuada y procedente; paralelamente, es necesario que los servidores públicos encargados de la ejecución de procedimientos de contratación conozcan las reglas de operación, convenios y/o acuerdos que se deriven de cada programa o ramo para identificar si la contratación esta dentro de los rubros autorizados y procurar el correcto ejercicio y destino de los recursos públicos. Si la contratación no esta dentro de las fuentes de financiamiento aplicada, puede considerarse desvío de recursos y derivar observaciones de los órganos de control y/o de fiscalización, incluso en responsabilidad administrativa (Ver artículo 1° fracción V LAASSP).

INVESTIGACIÓN DE MERCADO

La investigación de mercado es un parámetro de mercado que se conforma de cotizaciones, ofertas y de otros indicios mercadológicos serios para ubicar e identificar la presencia de un bien o servicio y su diferencia comparativa con otros, en calidad, precio, utilidad, rentabilidad, etc.

Del artículo 5 fracción VII de la LAASSP, se deriva que la investigación de mercado es el proceso previo al inicio de los procedimientos de contratación orientado a:

- Obtener información pertinente y acreditable para conocer las condiciones comerciales de los bienes o servicios que se pretenden contratar.
- Estimar los precios de los mismos.
- Identificar potenciales proveedores.
- Determinar la estrategia y modalidades del procedimiento, a través de la cual en cada caso se obtengan las mejores condiciones para los entes públicos contratantes.

Es obligatorio contar con la investigación de mercado en las contrataciones públicas, a efecto de que las dependencias y entidades puedan hacer constar que se aseguran las mejores condiciones disponibles en cuanto a precio, calidad, financiamiento, oportunidad y demás circunstancias pertinentes; y se acreditan la economía, eficacia y eficiencia, imparcialidad y honradez que aseguren las mejores condiciones para el Estado, ya que esto es un mandato del artículo 134 constitucional. No obstante, lo anterior, los artículos 5 fracción VII y 63 de la LAASSP faculta que las contrataciones consolidadas a cargo de la SHCP queden exentas de la investigación de mercado.

La investigación de mercado, reflejada usualmente mediante cotizaciones, resulta indispensable para sustentar tanto los procedimientos de contratación mediante licitación pública, como su no idoneidad y la justificación de cualquier procedimiento administrativo alterno que la excluya: adjudicación directa, invitación a cuando menos tres empresas, etc. (Ver artículos 3 fracción I, 5 fracción VII y 35 LAASSP)

DETERMINACIÓN DEL PRESUPUESTO BASE DE LA CONTRATACIÓN

El presupuesto base de la contratación deriva de la investigación de mercado y es la cuantía económica máxima establecida por las dependencias y entidades para la ejecución de un procedimiento de contratación pública (licitación pública, invitación, adjudicación directa, contrato específico, asignación de órdenes de suministro o de servicio o diálogo competitivo).

Es de mucha utilidad y tiene las funciones siguientes:

- Determina el costo estimado de la contratación.
- Permite identificar el procedimiento de la contratación, conforme a los montos máximos establecidos en el Presupuesto de Egresos de la Federación.
- Establece el límite económico dentro del cual se espera que las empresas presenten sus ofertas.
- Facilita la comparación, evaluación y selección de las ofertas.
- Permite identificar si hay fraccionamiento de operaciones.
- Permite identificar el presupuesto máximo en contratos abiertos.
- Evita que se acepten ofertas desproporcionadas contrarias al interés del Estado; y coadyuva a un proceso justo y transparente, favoreciendo la libre competencia.

VALORACIÓN Y SELECCIÓN DEL PROCEDIMIENTO DE CONTRATACIÓN

Conocido el origen del recurso y el presupuesto base de la contratación, puede deducirse la modalidad adquisitiva de los bienes.

Si la contratación involucra el ejercicio de recursos federales, total o parcialmente, la normatividad que regirá el proceso será federal, por lo que tendrá que recurrirse a la LAASSP y al Presupuesto de Egresos de la Federación del ejercicio fiscal que corresponda, para saber la modalidad normativa de contratación aplicable.

Aunque el aspecto más importante para seleccionar el tipo de modalidad de contratación se basa en el monto estimado al cual ascenderá la contratación, dicho criterio no constituye una regla general, puesto que la Ley de Adquisiciones, Arrendamientos y Servicios del Sector Público estipulan diversos procedimientos administrativos y supuestos de excepción que excluyen la ejecución de procesos de licitación pública, e incluso concursos por invitación, que deben estar sustentados en dictámenes de procedencia e investigaciones de mercado.

Capítulo VIII

EL NUEVO ESQUEMA DE LA INVESTIGACIÓN DE MERCADO: DIÁLOGOS ESTRATÉGICOS

Los artículos 3° fracción I y 35 párrafo sexto de la LAASSP, **establece que en todos los procedimientos de contratación previstos por dicho precepto**, las dependencias y entidades deberán realizar una investigación de mercado, conforme a la metodología que establezca el Reglamento la LAASSP y, en su caso, en los lineamientos que emita la Secretaría Anticorrupción y Buen Gobierno; investigación de mercado de la que se desprendan las condiciones que imperan en el mismo, respecto del bien, arrendamiento o servicio objeto de la contratación. Con dicha investigación de mercado deberá determinarse el procedimiento de contratación a realizar y acreditarse las mejores condiciones para el Estado.

Por su parte, el artículo 21 de la LAASSP cuyo contexto de regulación son las contrataciones consolidadas con el objeto de obtener las mejores condiciones conforme a los principios de eficiencia, eficacia, economía, imparcialidad, transparencia y honradez, señala que la SHCP con la participación de la SACBG, elaborará una investigación de mercado de los bienes o servicios aprobados por el Comité de Contrataciones Estratégicas como susceptibles de ser adquiridos, arrendados o contratados de forma consolidada. Este mismo precepto, precisa que:

> "La investigación de mercado tendrá como propósitos, entre otros, determinar las características y especificaciones técnicas de los bienes o servicios, así como los aspectos que se consideren necesarios para su entrega o prestación, su oferta en la cantidad, calidad y oportunidad requerida, la existencia de proveedores con la capacidad para cumplir con los requerimientos de las dependencias y entidades, así como los precios y condiciones prevalecientes en el mercado."

No obstante, de los artículos 5 fracción VII y 63 de la LAASSP, se desprende que **la investigación de mercado no será aplicable para el procedimiento de diálogo competitivo**, lo cual será una dificultad para constatar que las asignaciones representen las mejores condiciones disponibles en cuanto a precio, calidad, financiamiento, oportunidad y demás circunstancias pertinentes; y que se acrediten la economía, eficacia y eficiencia, imparcialidad y honradez que aseguren las mejores condiciones de contratación para el Estado.

Con excepción del procedimiento de diálogo competitivo, la LAASSP dispone que **en los demás procedimientos de contratación SÍ deberá realizarse investigación de mercado.**

Según el procedimiento de contratación, la LAASSP orienta a que la investigación de mercado recaiga en diferentes órganos:

1. En la Licitación Pública, la Invitación a cuando menos 3 empresas y la Adjudicación directa por monto y/o excepción a la licitación pública, la investigación de mercado recae en las dependencias y entidades de la Administración Pública Federal.
2. En la Asignación de contratos específicos derivados de la suscripción de un acuerdo marco, la investigación de mercado recae en la Secretaría de Hacienda y Crédito Público (Artículo 24 párrafo IV).
3. En la Asignación de órdenes de suministro derivados de la Tienda Digital del Gobierno Federal u órdenes de servicios conforme a los catálogos electrónicos del Gobierno Federal, se derivan de los acuerdos marco, por lo que la investigación de mercado queda igualmente bajo la responsabilidad de la Secretaría de Hacienda y Crédito Público.
4. En la asignación de contratos derivados de la adjudicación directa como estrategia de contratación, la investigación de mercado compete a la Secretaría de Hacienda y Crédito Público con la participación de la Secretaría Anticorrupción y Buen Gobierno (artículo 21).
5. En la asignación de contratos derivados del Diálogo competitivo, no hay obligación legal de realizar investigaciones de mercado.

Ahora bien, la nueva LAASSP contempla que previo a realizar la investigación de mercado, las dependencias y entidades pueden recurrir a un nuevo mecanismo denominado **"diálogos estratégicos con los particulares"**.

En efecto, el artículo 34 de la nueva LAASSP enuncia que los diálogos estratégicos con los particulares, se harán con la finalidad de intercambiar información respecto a la descripción de los bienes o servicios, condiciones de entrega, beneficios y precios y el lugar en donde se entregarán o llevarán a cabo los mismos, entre otros aspectos.

Dichos diálogos estratégicos tendrán una duración de máximo diez días naturales, los cuales podrán prorrogarse por un periodo igual y, durante su desarrollo las dependencias y entidades podrán negociar con los particulares los aspectos antes señalados, de lo cual se interpreta que de dichas negociaciones derivará la investigación de mercado que sustente los procedimientos de contratación que se vayan a realizar.

Tal mecanismo de diálogos estratégicos con los particulares, previos a la investigación de mercado es francamente contradictorio: va contra la autonomía de una genuina investigación de mercado; los costos de los bienes o servicios que de ellos se desprendan, tendrían que variar y no podrían representar los resultados finales de los procedimientos de contratación en sí, de ser así podrían interpretarse como adjudicaciones simuladas de investigaciones de mercado; habría flujo de información perjudicial para procedimientos de licitación pública e invitaciones, ya que las empresas que intervengan en los diálogos estratégicos tendrían acceso primigenio o preferencial a especificaciones, condiciones y precios, lo cual rompería con el principio de igualdad de condiciones y por último; permitiría el contacto directo entre empresas proveedoras y servidores públicos, algo que se había venido superando porque ser un riego de corrupción, esto aun cuando dichos diálogos se hagan en presencia de representantes de órganos internos de control, que es sabido no gozan de una real autonomía y por lo mismo no resultan plenamente eficaces en la lucha contra la corrupción.

Capítulo IX
LA PLATAFORMA DIGITAL DE CONTRATACIONES PÚBLICA

En el contexto de la reciente LAASSP, se crea la Plataforma Digital de Contrataciones Públicas (artículos 81-86 LAASSP), en sustitución del Sistema CompraNet, que tiene como objetivo primordial brindar mayor agilidad y transparencia a todos los procedimientos de contratación que se implementan en la Administración Pública Federal.

En términos del artículo 81 de la LAASSP, la Plataforma es una herramienta electrónica oficial y transaccional, integrada por diversos módulos, a través de la cual se realizarán todos los procedimientos de contratación en materia de adquisiciones, arrendamientos y servicios, así como la suscripción y administración de los contratos derivados de estos.

La Plataforma será de consulta gratuita y constituirá el único medio por el cual se desarrollarán los procedimientos de contratación.

En casos excepcionales y justificados, la Secretaría podrá autorizar que se lleven a cabo los procedimientos de contratación sin utilizar la Plataforma, conforme a las disposiciones que se establezcan en el Reglamento de esta Ley.

La Secretaría La Secretaría implementará y administrará la Plataforma emitirá las disposiciones para la operación de dicha Plataforma y establecerá los controles necesarios para garantizar la inalterabilidad y conservación de la información que contenga.

Entre las **acciones que deberán difundirse o realizarse a través de la Plataforma**, se encuentran las siguientes:

1. La Lista de bienes y servicios a consolidar del siguiente ejercicio fiscal, que la Secretaría Anticorrupción y Buen Gobierno difundirá a más tardar el 1 de septiembre de cada año.
2. La Tienda Digital del Gobierno Federal que la Secretaría Anticorrupción y Buen Gobierno pondrá a disposición de las dependencias y enti-

dades para que puedan acceder a la adquisición de bienes derivadas de los acuerdos marco celebrados por la SHCP.

3. Los Catálogos Electrónicos que la Secretaría Anticorrupción y Buen Gobierno difundirá para que las dependencias y entidades puedan acceder a la prestación de servicios derivados de los acuerdos marco celebrados por la SHCP.
4. El Programa Anual de Adquisiciones, Arrendamientos y Servicios correspondiente al siguiente ejercicio fiscal de que se trate, que las dependencias y entidades pondrán a disposición del público en general a más tardar el 31 de diciembre de cada año.
5. El registro de las personas que se encuentren impedidas de contratar.
6. Los contratos de adquisiciones, arrendamientos y servicios que se celebren y las modificaciones correspondientes.
7. Las convocatorias para licitación pública.
8. Los actos de todos los procedimientos de contratación, los cuales conforme a la nueva LAASSP serán de carácter electrónico, por lo que las actas de juntas de aclaraciones, presentación y apertura de proposiciones y de fallo de la licitación pública, así como las correspondientes a la invitación a cuando menos tres personas, serán celebradas y firmadas electrónicamente en la plataforma.
9. El padrón de testigos sociales.
10. El informe final de los testigos sociales que intervengan en los procedimientos de contrataciones públicas
11. Las modificaciones a la convocatoria de licitación.
12. Las solicitudes de aclaración a los aspectos contenidos en la convocatoria.
13. La entrega de proposiciones en sobre digital.
14. La notificación del fallo.
15. La firma de contrato de manera electrónica.
16. Los actos del procedimiento de adjudicación directa por excepción de ley.

17. Las solicitudes de cotización para la adjudicación directa por monto.
18. El procedimiento administrativo de contratación por adjudicación directa con estrategia de negociación.
19. La notificación de la adjudicación del contrato en los procedimientos de adjudicación directa.
20. El procedimiento administrativo de contratación mediante diálogo competitivo.
21. La información derivada del proceso competitivo que derive en la suscripción de acuerdos marco.
22. La formalización y firma de los contratos, pedidos y las órdenes de suministro y de servicios.
23. El envío y verificación de las facturas respectivas.
24. Las comunicaciones a proveedores que surjan dentro del procedimiento de rescisión administrativa.

El Dictamen con el que se aprobó la nueva LAASP enuncia que la Plataforma se implementa para posicionarse como una herramienta tecnológica capaz de transformar la manera de realizar las contrataciones públicas, y su meta es ser el único punto de interacción entre las necesidades de las dependencias y entidades de la Administración Pública Federal y las ofertas de los proveedores, así como de interconexión entre sistemas electrónicos relacionados con las contrataciones públicas.

Asimismo, señala que, a diferencia del Sistema CompraNet, la Plataforma no solo será un repositorio donde se almacenen documentos e información, ni se enfocará solamente en funcionalidades aisladas, sino que permitirá una transformación digital **que involucre todos los procesos que componen el ciclo de la contratación pública, logrando una trazabilidad completa de la gestión del gasto público**.

Conforme al artículo transitorio Tercero de la nueva LAASSP se desprenden las consideraciones siguientes:

- Las disposiciones relativas a la Plataforma entrarán en vigor en la fecha de inicio de operación de cada uno de los módulos que la integran, conforme a los avisos que dé a conocer la SACBG en el DOF.

- Los módulos de la Plataforma necesarios para realizar los procedimientos de contratación en materia de adquisiciones, arrendamientos y servicios, **deberán estar en completa operación** *dentro de los dieciocho meses siguientes a la entrada en vigor de la LAASSP*, es decir, aproximadamente para el 16 de octubre de 2026.
- La Plataforma **deberá iniciar operaciones en su totalidad** *en un plazo no mayor a treinta meses, contados a partir de la fecha de entrada en vigor de la LAASSP*, es decir, aproximadamente para el 16 de octubre de 2027.
- En tanto entran en vigor las disposiciones a que se refiere el párrafo anterior seguirán aplicando en lo conducente las relativas al Sistema Electrónico de Información Pública Gubernamental denominado CompraNet.
- En tanto entra en operación la Plataforma, **la difusión y el comunicado de los acuerdos marco, la solicitud de cotización de la adjudicación directa con negociación, así como el anuncio del diálogo competitivo**, *se publicarán en el Sistema Electrónico de Información Pública Gubernamental denominado CompraNet.*

Capítulo X
LOS PROCEDIMIENTOS PARA LA CONTRATACIÓN PÚBLICA

La LAASSP publicada el 16 de abril de 2025, innova el esquema tradicional de los procedimientos de contratación aplicado desde 1982, lo que en principio podría causar confusión ya que involucra procedimientos administrativos novedosos en los cuales su ejecución corre a cargo de órganos administrativos diferentes.

A continuación, tomando como punto de partida lo dispuesto en el artículo 35 de la LAASSP, procuramos la explicación del nuevo esquema de procedimientos de contratación pública, a partir del siguiente orden:

I. Contrataciones que pueden realizar todas las dependencias y entidades:

1. Licitación Pública.
2. Invitación a cuando menos 3 empresas.
3. Adjudicación directa (por monto y excepción)

Por disposición del artículo 55 de la LAASSP, la suma de las operaciones por procedimientos de invitación y adjudicación directa no pueden exceder del 30% del presupuesto de adquisiciones, arrendamientos y servicios autorizado a la dependencia o entidad en cada ejercicio presupuestario.

II. Contrataciones derivadas de Acuerdos Marco:

1. Asignación de Contratos Específicos.
2. Asignación de Órdenes de Suministro derivados de la Tienda Digital del Gobierno Federal
3. Asignación de Órdenes de Servicios conforme a los Catálogos electrónicos del Gobierno Federal

III. Contrataciones Consolidadas a cargo de la SHCP:

1. El Diálogo Competitivo.
2. La Adjudicación Directa como Estrategia de Contratación.

Todos los procedimientos de contratación antes enunciados, serán electrónicos, por lo que la participación de los licitantes, cotizantes y postulantes será a través de la Plataforma, **salvo las excepciones previstas en la LAASSP** (artículo 36); *como lo son las negociaciones* en el procedimiento de Adjudicación Directa como Estrategia de Contratación (artículo 61 fracción VI) *y los diálogos* en el procedimiento de Diálogo Competitivo (artículo 64 fracción I inc. d), con ello se superan los procesos presenciales y mixtos, en congruencia con la una nueva era de tecnologías en la comunicación.

I. CONTRATACIONES QUE PUEDEN REALIZAR TODAS LAS DEPENDENCIAS Y ENTIDADES

1. La Licitación Pública

Concepto:

Licitación Pública es un procedimiento administrativo utilizado por el Estado con el objeto de comprar y arrendar bienes muebles, de contratar servicios y de realizar obra pública en las mejores condiciones económicas y con la mayor transparencia; se caracteriza por invitar a un acto público mediante convocatoria pública a proveedores, contratistas, arrendatarios o prestadores de servicios, según el caso, a que presenten en sobre cerrado su oferta y las características, especificaciones y bondades de los bienes, productos o servicios que van a ofrecer, para que se proceda a su apertura y valoración, quedando a elección del Estado la propuesta o propuestas que mejor convengan a sus intereses tanto legal, técnica como económicamente.

Principios de la Licitación Pública:

Del contexto del 134 constitucional se pueden deducir los principios jurídicos que rigen el procedimiento de licitación pública, entre los que encontramos los principios publicidad, transparencia, concurrencia, libre competencia, igualdad y oposición o contradicción.

Procedimiento de la Licitación Pública:

Se engloba dentro de un proceso administrativo que implica el desdoblamiento de los siguientes pasos:

1. Publicación opcional del Proyecto de Convocatoria.
2. Publicación de la Convocatoria que contiene las bases de licitación en la Plataforma Digital de Contrataciones Públicas. Obtención gratuita (41 LAASSP).
3. Publicación del Resumen de la Convocatoria en el Diario Oficial de la Federación (DOF).
4. Celebración de Junta(s) de Aclaraciones.
5. Celebración de Presentación y Apertura de Propuestas.
6. Elaboración de Dictamen
7. Emisión y notificación de Fallo de Licitación
8. Suscripción de Contrato.

Plazos para el desarrollo de la Licitación Pública:

Opción de publicar el proyecto de la convocatoria en la plataforma: (Artículo 40 LAASSP)	Al menos **durante cinco días hábiles**, lapso durante el cual estas recibirán los comentarios pertinentes en dicha Plataforma.
Posibilidad de modificar aspectos establecidos en la convocatoria: (Artículo 43 LAASSP)	A más tardar **el séptimo día natural previo** al acto de presentación y apertura de proposiciones.
Junta o Juntas de Aclaraciones: (Artículo 44 LAASSP)	Entre la última junta de aclaraciones y el acto de presentación y apertura de proposiciones deberá existir un plazo de al menos seis días naturales.
Solicitud de Aclaraciones por empresas: (Artículo 44 LAASSP)	Deberán enviarse a más tardar veinticuatro horas antes de la fecha y hora en que se vaya a realizar la junta de aclaraciones.

Presentación y Apertura de Proposiciones: (Artículos 42 y 44 LAASSP)	En **licitaciones nacionales** será cuando menos de **quince días naturales**, contados a partir de la fecha de publicación de la convocatoria en la Plataforma.
	En **licitaciones internacionales** no podrá ser inferior a **veinte días naturales**, contados a partir de la fecha de publicación de la convocatoria en la Plataforma.
	Cuando no puedan observarse los plazos antes indicados porque existan razones justificadas debidamente acreditadas, podrá **reducirse los plazos a no menos de diez días** naturales contados a partir de la fecha de publicación de la convocatoria en la Plataforma.
	De resultar necesario, la fecha señalada en la convocatoria para realizar el acto de presentación y apertura de proposiciones podrá diferirse.
Notificación de Fallo de Licitación: (Artículo 46 LAASSP)	Dentro de los veinte días naturales siguientes a la fecha del acto de Presentación y Apertura de Proposiciones.
	Podrá diferirse, siempre que el nuevo plazo fijado no exceda de veinte días naturales contados a partir del plazo establecido originalmente.
Suscripción de Contrato: (Artículo 67 LAASSP)	Dentro de los quince días hábiles siguientes a la notificación del fallo.
	Tratándose de procedimientos consolidados dentro de los veinte días hábiles siguientes a la notificación del fallo.

Tipos de licitación pública:

Nacional: en la cual únicamente podrán participar personas de nacionalidad mexicana y los bienes a adquirir sean producidos en el país y cuenten, por lo menos, con un sesenta y cinco por ciento de contenido nacional.

Internacional bajo la cobertura de tratados: en la que sólo podrán participar licitantes mexicanos y extranjeros de países con los que nuestro país tenga celebrado un tratado de libre comercio con capítulo de compras gubernamentales o del sector público y resulte obligatorio.

Internacionales abiertas: en las que podrán participar licitantes mexicanos y extranjeros, cualquiera que sea el origen de los bienes a adquirir o arrendar y de los servicios a contratar, cuando se presente cualquiera de los supuestos siguientes:

a) Se haya realizado una licitación de carácter nacional que se declaró desierta.

b) Así se estipule para las contrataciones financiadas con créditos externos otorgados al Gobierno Federal o con su aval.

c) Sea conveniente en términos de precio, derivado resultado de una investigación de mercado que pueda acreditar que el precio más bajo extranjero es más conveniente, que el prevaleciente en el mercado nacional;, y que cuenta en su favor con un margen de preferencia hasta del quince por ciento, en igualdad de condiciones.

d) Que no existan en el país los servicios, arrendamientos o bienes requeridos o no existan proveedores, arrendadores o prestadores de servicios o los existentes no pueden atender el requerimiento de la dependencia o entidad en lo que respecta a cantidad, calidad y oportunidad.

e) Que no existan en el país o en los países con los cuales se tiene celebrado Tratado los servicios, arrendamientos o bienes requeridos o no existan proveedores, arrendadores o prestadores de servicios o los existentes no pueden atender el requerimiento de la dependencia o entidad en lo que respecta a cantidad, calidad y oportunidad.

La licitación pública bajo la modalidad de oferta subsecuente de descuento:

El Dictamen de la Comisión de Transparencia y Anticorrupción, con el que la Cámara de Diputados aprobó el proyecto de decreto por el que se expide la Ley de Adquisiciones, Arrendamientos y Servicios del Sector Público, señala que la **oferta subsecuente de descuento, también conocida como "subasta inversa"**, *es la modalidad utilizada en las licitaciones públicas* en la que los licitantes, al presentar sus proposiciones pueden, con posterioridad a la presentación de su oferta económica, realizar una o más ofertas subsecuentes de descuento con el propósito de mejorar el precio ofertado en forma inicial, sin que ello signifique la posibilidad de variar las especificaciones o características originalmente contenidas en su propuesta técnica.

La fracción X del artículo 5 de la LAASSP establece que la oferta subsecuente de descuento es:

> "La modalidad de contratación utilizada en las licitaciones públicas, invitación a cuando menos tres personas, adjudicaciones directas con estrategia de negociación o en las adjudicaciones derivadas de la suscripción de un acuerdo marco y en la investigación de mercado de la adjudicación directa, respecto de bienes muebles o servicios estandarizados, en la **que los que intervienen en dichos procedimientos de contratación, concluido el acto de presentación y apertura de propuestas y la ratificación de cotización, tienen la posibilidad de realizar electrónicamente y durante un periodo de tiempo determinado, uno o más ofrecimientos posteriores que mejoren el precio ofertado en forma inicial**, sin que ello signifique la posibilidad de variar las especificaciones o características originalmente contenidas en su propuesta técnica. Para el uso de esta modalidad de contratación en la invitación a cuando menos tres personas y en la investigación de mercado de las adjudicaciones directas, se deberá contar con un mínimo de tres proposiciones susceptibles de ser evaluadas."

De los artículos 39, 40 fracción XV y 46 de la LAASSP se deriva que la figura de la **oferta subsecuente de descuento** comprende las nociones siguientes:

a) Es una variante de la licitación pública para la adquisición de bienes muebles o servicios.

b) Se utiliza cuando la descripción y características técnicas puedan ser objetivamente definidas y la evaluación legal y técnica de las proposiciones de los licitantes se pueda realizar en forma inmediata, una vez concluida la apertura de proposiciones.

c) Las dependencias o entidades deben justificar debidamente su uso haciendo constar que existe competitividad suficiente, de conformidad con una investigación de mercado.

d) Las dependencias y entidades deberán privilegiar el uso de las ofertas subsecuentes de descuento en las licitaciones públicas, invitación a cuando menos tres personas, y en la investigación de mercado de la adjudicación directa, adoptándose como una política de contratación tendiente a la obtención permanente de mejores condiciones para el Estado.

e) En las licitaciones, después de la evaluación técnica se indicará cuándo se dará inicio a las pujas de los licitantes, y se cerrará el acto.

f) En las licitaciones públicas nacionales en las que participen las Mipymes nacionales les resultará aplicable en favor de los precios que oferten para efectos de evaluación, un margen comparativo de preferencia del cinco por ciento, respecto de los demás licitantes.

g) Deben considerarse las disposiciones que al efecto expida la SACBG.

Ahora bien, siendo la oferta subsecuente una modalidad de la licitación pública, su procedimiento, según lo dispone el artículo 36 de la LAASSP, es de carácter electrónico, por lo que la participación de los postulantes será a través de la Plataforma, salvo las excepciones que prevenga la propia ley.

2. *La Invitación a cuando menos 3 personas*

Concepto:

Es un concurso restringido en el cual solo las personas invitadas pueden presentar propuestas, conforme a las reglas preestablecidas por la convocante, con el fin de ganar y adjudicarse un contrato de adquisición de bienes muebles, arrendamientos o servicios con el Estado.

El procedimiento de invitación a cuando menos tres personas, llamado así por la Ley de Adquisiciones, Arrendamientos y Servicios del Sector Público, ha sido también llamado concurso por invitación restringida o licitación simplificada, estas dos últimas denominaciones nos parecen mucho más exactas que la que actualmente maneja el citado ordenamiento, toda vez que la simple "invitación a cuando menos tres personas" pareciera llevar la intención de despojar a este tipo de procedimiento del carácter de concurso, lo cual en sí es preocupante considerando que es suficiente ya con la diversidad existente de causas de excepción al procedimiento de licitación pública que facilitan la adjudicación directa, como para hacer de la invitación un procedimiento más reservado., además, la denominación "concurso" remarca la idea de competencia, lo cual es un aliciente para la participación y un sano ingrediente para la buena imagen gubernamental.

Nos parece desafortunado que la invitación se realice solo a cuando a menos tres personas, ya que puede propiciar que ciertas dependencias o entidades se conformen con enviar invitaciones precisamente sólo a tres empresas, aun cuando en el mercado haya una gran cantidad de empresas que contando con el giro o la actividad comercial materia de la contratación, bien pudieran participar favoreciendo a la trasparencia del procedimiento y a la gran posibilidad de que se pueda optimizar el ejercicio del gasto con mejores ahorros. Por lo anterior, debiera dejarse abierto el nombre del procedimiento a concurso por invitación, estipulando que la invitación se realice a cuando menos cinco proveedores, toda vez que generalmente existen en el México empresas suficientes para la competencia y en el caso de que no existan para eso están las causales que permiten la adjudicación directa.

Procedencia de la Invitación a Cuando Menos Tres Personas:

Son cuatro los supuestos por los que procede el procedimiento por invitación a cuando menos tres empresas:

1. Porque el importe de la operación no exceda del monto máximo que establece el Presupuesto de Egresos de la Federación correspondiente, en términos del artículo 55 de la LAASSP.
2. Como excepción al procedimiento de la licitación pública, conforme a los supuestos establecidos en el artículo 54 de la LAASSP.
3. Se haya declarado desierta una licitación pública, en términos del artículo 54 fracción VII de la LAASSP.
4. Se determine procedente un segundo procedimiento habiéndose declarado desierto un primer procedimiento, en términos de la fracción III y el párrafo penúltimo del artículo 56 de la LAASSP.

El Procedimiento administrativo de contratación de la invitación:

Del artículo 56 de la LAASSP se deriva el procedimiento de invitación a cuando menos tres personas, que debe satisfacer las formalidades siguientes:

1. Las invitaciones se difundirán en la Plataforma y en la página de Internet de la dependencia o entidad.
2. El acto de presentación y apertura de proposiciones se llevará a cabo a través de la Plataforma.
3. **Para llevar a cabo la adjudicación** correspondiente, *se deberá contar con un mínimo de tres proposiciones susceptibles de analizarse técnicamente* por partida.
4. **En caso de que no se presenten el mínimo de proposiciones** señalado en el párrafo anterior, *se podrá optar por declarar desierta la invitación*, **o**

bien, *continuar con el procedimiento y evaluar las proposiciones presentadas.*

5. **En caso de que sólo se haya presentado una propuesta**, la convocante *podrá adjudicar el contrato si considera que reúne las condiciones requeridas,* **o bien** *proceder a la adjudicación directa* en el supuesto de que dos procedimientos de invitación a cuando menos tres personas hayan sido declarados desiertos, siempre que no se modifiquen los requisitos establecidos en las invitaciones de la cual procede.

6. Cuando la contratación derive de una licitación pública declarada desierta, bastará un solo procedimiento de invitación que, en caso de declararse desierto podrá adjudicar directamente el contrato, siempre que no se modifiquen los requisitos establecidos de la licitación e invitación de la cual procede.

7. Los plazos para la presentación de las proposiciones se fijarán para cada operación atendiendo al tipo de bienes, arrendamientos o servicios requeridos, así como a la complejidad para elaborar la proposición. Dicho plazo no podrá ser inferior a cinco días naturales a partir de que se entregó la última invitación.

8. Se aplican al procedimiento por invitación las demás disposiciones de la LAASSP que resultan aplicables a la licitación pública.

9. Es optativo la realización de la junta de aclaraciones.

10. En el segundo procedimiento de invitación a cuando menos tres personas, no podrá invitarse a los mismos licitantes que hayan participado en el primer procedimiento.

11. Tratándose por procedimientos de invitación derivados del monto máximo que establezca el Presupuesto de Egresos de la Federación, deberá invitarse a personas que cuenten con capacidad de respuesta inmediata, así como con los recursos técnicos, financieros y demás que sean necesarios, y cuyas actividades comerciales o profesionales estén relacionadas con los bienes o servicios objeto del contrato a celebrarse. Las dependencias y entidades contratantes considerarán la información contenida en el registro electrónico de personas físicas y morales en los términos que para tal efecto establezca la SACBG, lo anterior, sin perjuicio de la selección que pueda derivar de la investigación de mercado.

La redacción del artículo 56 de la LAASSP denota ambigüedad y contradicción, ya que con base en la fracción III debe contarse por lo mínimo con tres proposiciones susceptibles de evaluación, pero la misma fracción también dispone que: aun no presentándose el mínimo de proposiciones *es optativo* declarar desierto el procedimiento de invitación y que contándose *con una sola propuesta* se puede adjudicar; por lógica resulta que también es optativo realizar un segundo procedimiento de invitación.

La redacción de este precepto puede originar opacidad en la asignación de contratos, pues basta con que las empresas no se presenten o se presente una para motivar una asignación directa de los contratos, siendo necesario que el legislativo rediseñe un mecanismo legal para atajar el riesgo de corrupción, disponiendo la invitación a un mayor número de empresas y/o permitiendo que las cámaras empresariales puedan difundir la invitación a los socios que cumplan con las condiciones y requerimientos de la contratación.

3. *La Adjudicación directa*

Concepto:

La adjudicación directa puede conceptualizarse como la determinación de la autoridad administrativa de adjudicar de forma restrictiva (no libre) la contratación de adquisiciones, arrendamientos y servicios a una empresa, cumpliendo con las formalidades procedimentales aplicables y sujeta a criterios de idoneidad, capacidad, calidad y economía, tal como lo demanda el artículo 134 de la Constitución Política Federal.

Procedencia de la Adjudicación Directa:

Son cuatro los supuestos por los que las dependencias y entidades pueden proceder la adjudicación directa:

1. Porque el importe de la operación no exceda del monto máximo que establece el Presupuesto de Egresos de la Federación correspondiente, en términos del artículo 55 de la LAASSP.
2. Como excepción al procedimiento de la licitación pública, conforme a los supuestos establecidos en los artículos 53 y 54 (preferentemente en sus fracciones VII, VIII, IX, primer párrafo, XII, XIV y XV) de la LAASSP.

3. Como excepción al procedimiento de invitación a cuando menos tres personas, si el titular de la Unidad de Administración y Finanzas o, en su caso, de la Oficialía Mayor o equivalente en la dependencia o entidad, autoriza la procedencia de la adjudicación directa, en términos del párrafo segundo del artículo 55 de la LAASSP.
4. Se determine procedente un segundo procedimiento de invitación habiéndose declarado desierto un primer procedimiento, en términos de la fracción III y el párrafo penúltimo del artículo 56 de la LAASSP.

3.1. La Adjudicación directa por monto

Conforme al artículo 55 de la LAASSP, las dependencias y entidades, bajo su responsabilidad, pueden contratar adquisiciones, arrendamientos y servicios, sin sujetarse al procedimiento de licitación pública, a través de la adjudicación directa, cuando el importe de cada operación no exceda el monto máximo que al efecto se establezca en el Presupuesto de Egresos de la Federación que corresponda, siempre que las operaciones no se fraccionen para quedar comprendidas en dicho monto.

Asimismo, deberá cotizarse con persona(s) que cuenten con capacidad de respuesta inmediata, así como con los recursos técnicos, financieros y demás que sean necesarios, y cuyas actividades comerciales o profesionales estén relacionadas con los bienes o servicios objeto del contrato a celebrarse. Las dependencias y entidades contratantes considerarán la información contenida en el registro electrónico de personas físicas y morales en los términos que para tal efecto establezca la SACBG, lo anterior, sin perjuicio de la selección que pueda derivar de la investigación de mercado.

El procedimiento administrativo para la Adjudicación directa por un monto igual o superior a 300 UMA:

El artículo 58 de la LAASSP establece el procedimiento administrativo de adjudicación directa cuando el monto sea igual o superior a la cantidad de 300 veces la UMA diaria vigente (equivalente $33,942.00 en el 2025) y no sobrepase el monto máximo establecido en el Presupuesto de Egresos de la federación, de conformidad con lo siguiente:

1. Inicia con la confirmación de la empresa de la cotización obtenida en la investigación de mercado.
2. Junto con la confirmación de su cotización, el cotizante deberá presentar escrito que acredite su existencia legal y personalidad jurídica, para efectos de la suscripción de las proposiciones y, en su caso, firma del contrato.
3. De ser conveniente su cotización, la dependencia o entidad notificará al cotizante la adjudicación del contrato.
4. De no ser conveniente su cotización, la dependencia o entidad notificará al cotizante la determinación de no realizar la adjudicación.

Las dependencias y entidades **deberán solicitar al menos tres cotizaciones** con las mismas condiciones, a través de la Plataforma, y para efectos de la adjudicación, deberá contarse mínimo con una cotización. En caso de no recibir ninguna cotización por el citado medio, se iniciará un nuevo procedimiento de contratación.

La Adjudicación directa por un monto inferior a 300 UMA (abajo de $33,942.00 en el 2025): no requiere someterse al procedimiento antes señalado, interpretándose que basta con contar con una sola cotización para su procedencia.

3.2. La Adjudicación directa por excepción

Conforme a los artículos 53 y 54 de la LAASSP, las dependencias y entidades podrán optar por no llevar a cabo el procedimiento de licitación pública y celebrar contratos a través de los procedimientos de invitación a cuando menos tres personas o de adjudicación directa, cuando se ubiquen en los supuestos de excepción establecidos en el artículo 54 de la LAASSP.

El Procedimiento administrativo:

Del artículo 57 de la LAASSP se deriva que la adjudicación por excepción a la licitación pública debe seguir con las formalidades siguientes:

1. En la solicitud de confirmación de la cotización, se debe establecer el plazo que tendrá el cotizante para proporcionar la respuesta correspondiente, así como el plazo por el que debe sostener su cotización.

2. Si el cotizante confirma la cotización **obtenida en la investigación de mercado**, con esta inicia formalmente el procedimiento de adjudicación directa.

3. Junto con la confirmación de su cotización, el cotizante deberá presentar escrito que acredite su existencia legal y personalidad jurídica, para efectos de la suscripción de las proposiciones y, en su caso, firma del contrato.

4. La confirmación de la cotización deberá ratificar los términos y condiciones establecidos en la cotización obtenida en la investigación de mercado y validarse con la firma electrónica del cotizante a través de la Plataforma, la cual será el único medio del cotizante para oír y recibir las notificaciones que le haga el ente público contratante de que se trate.

5. La confirmación de la cotización deberá sostenerse por el cotizante, y este se encontrará obligado por la misma **por un plazo no inferior a veinte días hábiles**, contados a partir del día siguiente al de la recepción de la confirmación de la cotización.

6. La dependencia o entidad notificará al cotizante, mediante la Plataforma, dentro del plazo de sostenimiento de su confirmación de cotización, la aceptación de la misma, debiendo señalar la fecha y hora para la firma del contrato en la Plataforma, misma que deberá quedar comprendida dentro de los quince días hábiles siguientes al de la notificación a que se refiere esta fracción.

   En caso de que la dependencia o entidad contratante no notifique su aceptación dentro del plazo de sostenimiento de la confirmación de cotización, se entenderá que no aceptó dicha confirmación, concluyendo el procedimiento.

7. La solicitud de confirmación de cotización y la confirmación correspondiente no generan obligación para la dependencia o entidad contratante de celebrar contrato con la persona a la que le ha sido solicitada la misma, ni otorga a ésta ningún derecho para la celebración del contrato, ni para percibir contraprestación alguna.

8. Las dependencias o entidades contratantes, para fomentar la participación de las Mipymes, las organizaciones del sector social, así como las conformadas por grupos de atención prioritaria, podrán aceptar una cotización conjunta cuando las que la presenten tengan tal carácter, así como cuando se requiera obtener cotizaciones en forma integral y de acuerdo

con la investigación de mercado sólo sea posible mediante cotización conjunta. Para lo anterior, deberán presentar el convenio de proposición conjunta en los términos a que se refiere el artículo 45 de la LAASSP.

II. CONTRATACIONES DERIVADAS DE ACUERDOS MARCO

1. *La Suscripción de Acuerdos Marco*

Como parte de las modificaciones derivadas de la LAASSP publicada en el DOF de fecha 16 de abril de 2025, es que la figura del contrato marco se sustituye con la del Acuerdo Marco, pero en esencia persigue similares propósitos y efectos.

Ahora bien, tanto el Acuerdo Marco como los instrumentos que de él se desprenden (contratos específicos y las órdenes de suministro o servicios), constituyen en esencia asignaciones directas o semidirectas que no pasan por licitación pública ni concurso; también son contrataciones consolidas porque surgen de la agregación de demandas de las dependencias y entidades, que tienen un carácter obligatorio.

Conforme a la Secretaría de la Función Pública (actualmente Secretaría Anticorrupción y Buen Gobierno) los contratos (o acuerdos) marcos tienen las ventajas siguientes:

- Aumentar la flexibilidad de las adquisiciones.
- Obtener mejores precios **por agregación de la demanda**.
- Generar menores costos administrativos.
- Reducir el tiempo de adquisición.
- Atender operaciones de emergencia.
- Usar de manera eficiente capacidades operativas escasas.
- Mejorar la gobernabilidad de las adquisiciones.
- Prevenir la discrecionalidad en las asignaciones.
- Favorecer el control y la supervisión.

- Reducir el riesgo de corrupción.
- Uso de la plataforma tecnológica que redunde en la eficiencia y rendición de cuentas.

Fuente: https://www.gob.mx/cms/uploads/attachment/file/96955/Contratos_Marco-2015.pdf

De conformidad con los artículos 24, 25, 59 y 81 de la LAASSP se deriva que la figura de los acuerdos marco comprende las nociones siguientes:

1. **Son acuerdos de voluntades** que celebran la SACBG y SHCP, **en su caso**, con la participación de una o varias dependencias o entidades como áreas técnicas, con uno o más posibles proveedores.
2. La SHCP y la SACBG coordinarán las acciones necesarias con las dependencias y entidades para celebrar los acuerdos marco.
3. La SHCP **puede** determinar la celebración de un acuerdo marco como resultado de: una investigación de mercado, derivada de la resolución de llevar a cabo una consolidación o, a solicitud de las dependencias y entidades, **cuando así se justifique**.
4. En los acuerdos marco se establecen las especificaciones técnicas y de calidad, alcances, precios o la forma en que estos últimos se determinarán, y condiciones bajo las cuales los posibles proveedores se obligan a celebrar: *contratos específicos, órdenes de suministro* u *ordenes de servicio* para la adquisición o arrendamiento de bienes y prestación de servicios, con las dependencias o entidades de la APF.
5. El proceso competitivo entre las empresas que derive en la suscripción de acuerdos marco, se difundirá en la plataforma.
6. Los posibles proveedores suscribientes de los acuerdos marco serán los únicos que proporcionarán los bienes, arrendamientos o servicios contenidos en estos, a excepción de aquellos casos en que la SHCP, con la opinión de la SACBG, determine que podrán adherirse nuevos posibles proveedores posterior a la celebración del acuerdo marco.
7. Los acuerdos marco deben garantizar las mejores condiciones para el Estado en cuanto a precio, calidad, financiamiento, oportunidad y demás circunstancias pertinentes bajo el principio de igualdad.

8. La SACBG **podrá** poner en la Plataforma, a disposición de las dependencias y entidades, para la operación de los acuerdos marco de adquisición de bienes**, la Tienda Digital** del Gobierno Federal y, tratándose de los acuerdos marco para contratar la prestación de servicios, **los catálogos electrónicos** del Gobierno Federal que los contengan. La adquisición del bien o servicio será manera inmediata, y exceptuará a las dependencias y entidades de llevar a cabo alguno de los procedimientos de contratación previstos en la LAASSP.

9. **Es obligatorio** para todas las dependencias y entidades sujetarse a las características técnicas, especificaciones y demás previsiones que establezca la SHCP en los acuerdos marco. **Excepto** que acrediten con una investigación de mercado que existen mejores condiciones a las establecidas en dichos acuerdos, debiendo remitirla a la SHCP.

10. Las dependencias y entidades que requieran adquirir o arrendar bienes o contratar la prestación de servicios **con las mismas características y calidad** generales establecidas en un acuerdo marco, **estarán obligadas** a suscribir contratos específicos, órdenes de suministro o de servicio al amparo de los acuerdos marco celebrados por la SHCP.

11. La SHCP y la SACBG promoverán la celebración de acuerdos marco con cooperativas u organismos del sector social de la economía certificados por el Instituto Nacional de la Economía Social, incluyendo aquellos cuyo objeto sea la inclusión laboral de mujeres y personas vulnerables, así como con organizaciones constituidas o conformadas por grupos de atención prioritaria, en los términos que al efecto se establezca en el Reglamento de la LAASSP. Para estos efectos se determinarán las dependencias o entidades obligadas a sujetarse a los acuerdos marco con dichas organizaciones.

12. El proceso de elaboración, celebración y administración de los acuerdos marco se regulará por lo previsto en la LAASSP y en su Reglamento y, en su caso, en los lineamientos que expida la SACBG.

13. Los acuerdos marco se regirán por las estipulaciones de las partes y, en lo que fueren omisas, por el Código Civil Federal.

Del artículo 24 de la LAASSP se deriva que los productos de los acuerdos marco son los contratos específicos, las órdenes de suministro y las órdenes de servicio para la adquisición, arrendamiento y la prestación de servicios que coincidan con las necesidades o requerimientos de las dependencias y entidades.

La diferencia entre efectuar contratos específicos u órdenes de suministro y/o servicio radica, radica en que, conforme al Reglamento de la LAASSP vigente, únicamente se requiere celebrar contrato en adquisiciones, arrendamientos y servicios cuando el monto de las operaciones sea igual o superior al equivalente a trescientas veces el valor diario vigente de la UMA, si el monto es inferior deberán formalizarse con órdenes de suministro o servicio.

Del artículo transitorio Tercero de la LAASSP se deriva que en tanto entra en operación la Plataforma, **la difusión y el comunicado de los acuerdos marco** se publicarán en el Sistema Electrónico de Información Pública Gubernamental denominado CompraNet.

2. *Asignación de Contratos Específicos*

Las dependencias y entidades deberán acceder de manera ágil y expedita a la adquisición o arrendamientos de bienes negociados dentro de un Acuerdo Marco suscrito por la SHCP y cuyas características coincidan con sus necesidades o requerimientos, a través de la firma de un contrato específico.

Los Contratos Específicos deberán celebrarse entre el proveedor suscribiente de un Acuerdo Marco y cada una de las dependencias o entidades que lo soliciten, a quienes les corresponde elaborar el contrato específico respectivo, el cual obviamente deberán considerar las especificaciones y condiciones establecidos en el acuerdo marco. La dependencia o entidad será la responsable de implantar las garantías correspondientes para su cumplimiento, así como llevar a cabo la adjudicación a través de la Plataforma.

Las dependencias y entidades pueden eludir la obligatoriedad de apegarse a los acuerdos marco, si acrediten con una investigación de mercado que existen mejores condiciones a las establecidas en dichos acuerdos, debiendo remitirla a la SHCP.

El artículo 59 de la LAASSP dispone que la asignación de contratos específicos que deriven de un acuerdo marco, se realizará conforme al procedimiento que al efecto se establezca en el Reglamento de la LAASSP.

3. *Asignación de Órdenes de Suministro derivados de la Tienda Digital del Gobierno Federal*

El artículo 24 de la LAASSP dispone que la SACBG podrá poner en la Plataforma, a disposición de las dependencias y entidades, para la operación de los acuerdos marco de adquisición de bienes: **la Tienda Digital del Gobierno Federal.**

La Tienda Digital del Gobierno Federal constituye un módulo de la Plataforma mediante el cual las dependencias y entidades podrán acceder a adquisiciones de bienes de manera ágil y expedita a través de órdenes de suministro.

Las adquisiciones de bienes que se lleven a cabo a través de la Tienda Digital tendrán como principal atributo la agilidad e inmediatez. Este mecanismo de contratación está dirigido a aquellos bienes de uso común y generalizado.

El citado artículo 24 de la LAASSP, dispone que la SACBG emitirá las disposiciones que regulen las contrataciones realizadas a través de la Tienda Digital del Gobierno Federal.

Asignación de Órdenes de Servicios conforme a los Catálogos electrónicos del Gobierno Federal:

El artículo 24 de la LAASSP dispone que la SACBG podrá poner en la Plataforma, a disposición de las dependencias y entidades, para la operación de los acuerdos marco para contratar la prestación de servicios: **los catálogos electrónicos del Gobierno Federal**.

En tal tenor, los Catálogos Electrónicos del Gobierno Federal se ubican en un módulo de la Plataforma, en el cual las dependencias y entidades podrán acceder a servicios de manera ágil y expedita a través de órdenes de servicio. Este mecanismo de contratación está dirigido a aquellos servicios de uso común y generalizado.

El citado artículo 24 de la LAASSP, dispone que la SACBG emitirá las disposiciones que regulen las contrataciones realizadas a través de los referidos catálogos electrónicos del Gobierno Federal.

III. LAS CONTRATACIONES CONSOLIDADAS

En el marco de la LAASSP se considera que el Diálogo Competitivo y la Adjudicación Directa como Estrategia de Contratación, constituyen específicamente los instrumentos para las contrataciones consolidadas, ya que así se desprende del artículo 35 de la LAASSP al disponer que:

> "Los procedimientos señalados en las fracciones IV y V de este artículo sólo podrán ser realizados por Hacienda como dependencia encargada de llevar a cabo contrataciones consolidadas".

La LAASSP es clara al establecer que el objeto de los procedimientos de contratación consolidada es **obtener las mejores condiciones** conforme a los principios de eficiencia, eficacia, economía, imparcialidad, transparencia y honradez, **y apoyar en condiciones de competencia a las áreas prioritarias del desarrollo**, en el ámbito económico, ambiental y social.

Ahora bien, aun cuando la SHCP es la encargada de llevar a cabo los procedimientos de contratación consolidados (Artículo 23 LAASSP), tal función no le es exclusiva, ya que las dependencias y entidades, con la previa autorización de la SACBG, pueden realizar contrataciones consolidadas, conforme a las políticas o lineamientos que esta establezca (Artículo 21 LAASSP) o autorizar que otra dependencia o entidad los ejecute.

1. Marco de actuación de la Secretaría Anticorrupción y Buen Gobierno

* Tiene a su cargo la política para la determinación de los bienes y servicios susceptibles de ser adquiridos, arrendados o contratados de forma consolidada (Artículo 21 LAASSP).
* Para los fines de las contrataciones consolidadas, **cuenta con un Comité de Contrataciones Estratégicas** (Artículo 21 LAASSP).
* Aun cuando corresponde a la SHCP llevar a cabo los procedimientos de contratación consolidados, la SACBG puede determinar —si lo considere conveniente— que otra dependencia o entidad lleve a cabo algún procedimiento de contratación consolidada (Artículo 23 LAASSP).
* Puede autorizar a la SHCP que lleve a cabo la contratación de adquisiciones, arrendamientos y servicios, a través de un procedimiento de adjudicación directa con estrategia de negociación, sin sujetarse al procedi-

miento de licitación pública, pudiendo aprobar o rechazar su viabilidad (Artículo 60 LAASSP).

* Participar de manera preventiva en los actos de los procedimientos de contratación consolidados que se realicen, conforme a los lineamientos que para tal efecto se emitan (Artículo 21 LAASSP).
* Intervenir en los procedimientos de adjudicación directa con estrategia de negociación, conforme a los lineamientos que al efecto emita (Artículo 61 LAASSP).
* En los procedimientos de contratación consolidados deberá participar el titular del órgano interno de control de la SACBG, a efecto de que verifiquen los actos de dichos procedimientos (Artículo 35 LAASSP).

2. *Marco de actuación de la Secretaría de Hacienda y Crédito Público*

* Elaborar con la participación de la SACBG, una investigación de mercado de los bienes o servicios aprobados por el CCE como susceptibles de ser adquiridos, arrendados o contratados de forma consolidada (Artículo 21 LAASSP).
* Proponer el procedimiento de contratación a realizar, de acuerdo con el resultado de la investigación de mercado a que se refiere el sexto párrafo del artículo 35 de la LAASSP, considerando lo establecido en el artículo 134 de la Constitución Política de los Estados Unidos Mexicanos (Artículo 21 LAASSP).
* Encargada de llevar a cabo los procedimientos de contratación consolidados (Artículo 23 LAASSP).
* Realizar la agregación de la demanda de las dependencias y entidades para los procedimientos de contratación consolidados (Artículo 23 LAASSP).
* El Diálogo Competitivo y la Adjudicación Directa como Estrategia de Contratación sólo podrán ser realizados por la SHCP —como dependencia encargada de llevar a cabo contrataciones consolidadas— con la autorización del CCE y la participación de la SACBG (Artículo 35 LAASSP).

* En los procedimientos de contratación consolidados que se realicen, deberá participar el titular del órgano interno de control de la SHCP, a efecto de que verifiquen los actos de dichos procedimientos (Artículo 35 LAASSP).

3. *El Comité de Contrataciones Estratégicas*

El CCE es un órgano administrativo colegiado que está a cargo y es presidido por la SACBG, y que coadyuva en la política de determinación de los bienes y servicios susceptibles de ser adquiridos, arrendados o contratados de forma consolidada, con objeto de obtener las mejores condiciones conforme a los principios de eficiencia, eficacia, economía, imparcialidad, transparencia y honradez, y apoyar en condiciones de competencia a las áreas prioritarias del desarrollo, en el ámbito económico, ambiental y social.

Integración del Comité de Contrataciones Estratégicas:

Conforme al art. 22 de la LAASSP, el CCE se integra por:

* Un representante que designe la persona titular de la SACBG, quien lo presidirá y tendrá voto de calidad;
* Tres representantes designados por la persona titular de la SHCP, de los cuales uno de ellos será el titular encargado de formular la política de gasto público federal y los dos restantes aquellos con funciones relacionadas con la planeación y ejecución de contrataciones públicas consolidadas;
* Un representante designado por la persona titular de la **Secretaría de Economía**, y
* Tres representantes de la SACBG, designados por la persona titular de la dependencia.

A solicitud de cualquiera de los integrantes y asesores del CCE, se podrá convocar a sus sesiones a las personas servidoras públicas de las dependencias y entidades cuya intervención se estime necesaria para aclarar aspectos técnicos, administrativos, presupuestales o de cualquier otra naturaleza relacionados con los asuntos sometidos a la consideración del propio Comité, quienes acudirán con el carácter de invitados, con derecho a voz, pero sin voto.

Funciones del Comité de Contrataciones Estratégicas:

Con base en el artículo 21 de la LAASSP, las funciones del CCE son las siguientes:

1. Aprobar los bienes o servicios susceptibles de ser adquiridos, arrendados o contratados de forma consolidada.
2. Aprobar su manual de integración y funcionamiento, y
3. Autorizar, cuando se justifique, la creación de subcomités, así como aprobar la integración y funcionamiento de los mismos.

Flujo acciones para la autorización de consolidación de contrataciones por el CCE, según se desprende al artículo 21, 35 y 63 de la LAASSP:

1. La SHCP elabora la lista de los bienes susceptibles de ser adquiridos o arrendados, o servicios a contratar de manera consolidada, con base en un estudio que al menos contenga las características y especificaciones generales de los mismos, análisis de la demanda y la posibilidad de generar ahorros con dicha estrategia.
2. Los miembros del CCE podrán remitir al representante de la SHCP, la propuesta de bienes y servicios para contratar de forma consolidada, para que realice el estudio y la lista de los bienes susceptibles de ser adquiridos o arrendados, o servicios a contratar de manera consolidada y presentada ante el CCE.
3. La SHCP elabora con la participación de la SACBG, una investigación de mercado de los bienes o servicios aprobados por el Comité de Contrataciones Estratégicas como susceptibles de ser adquiridos, arrendados o contratados de forma consolidada (Artículo 21 LAASSP).
4. La SHCP propone el procedimiento de contratación a realizar, de acuerdo con el resultado de la investigación de mercado (Artículo 21 LAASSP).
5. El CCE aprueba los bienes o servicios susceptibles de ser adquiridos, arrendados o contratados de forma consolidada.
6. La SACBG difunde a más tardar el 1 de septiembre de cada año, en la Plataforma, la lista de bienes y servicios a consolidar del siguiente ejercicio fiscal, que podrá ser publicada en el DOF.

7. El CCE puede autorizar que la SHCP lleve a cabo la contratación de adquisiciones, arrendamientos y servicios, sin sujetarse al procedimiento de licitación pública y sin previa investigación de mercado**, a través de un procedimiento de diálogo competitivo** (Artículo 63 LAASSP).
8. El Diálogo Competitivo y la Adjudicación Directa como Estrategia de Contratación sólo podrán ser realizados por la SHCP con la autorización del CCE y la participación de la SACBG (Artículo 35 LAASSP).
9. En el caso del diálogo competitivo, en casos excepcionales y justificados, el CCE podrá autorizar que otra dependencia o entidad lleve a cabo dicho procedimiento (Artículo 35 LAASSP).

4. El Diálogo Competitivo

El artículo 63 de la LAASSP dispone que el Comité de Contrataciones Estratégicas podrá autorizar que la SHCP lleve a cabo la contratación de adquisiciones, arrendamientos y servicios, sin sujetarse al procedimiento de licitación pública y sin previa investigación de mercado, a través de un procedimiento de diálogo competitivo, tratándose de alguno de los siguientes supuestos:

- Cuando, para dar satisfacción a las necesidades del área usuaria o requirente de los bienes o servicios, resulte imprescindible que la prestación, tal y como se encuentra disponible en el mercado, sea objeto de un trabajo previo de diseño o de adaptación;
- Cuando la prestación del servicio o la adquisición de bienes objeto del contrato incluya un proyecto o soluciones innovadoras, y
- Cuando la convocante, atendiendo a circunstancias específicas vinculadas a la naturaleza, complejidad o configuración del proyecto, no pueda establecer con precisión las especificaciones técnicas.

El mismo artículo 63 de la LAASSP enuncia que la aplicación del procedimiento de contratación de diálogo competitivo **se limitará a trabajos que requieran alta especialización** y se relacionen con un determinado sector o área del conocimiento, para desarrollar soluciones eficientes que permitan resolver problemas complejos y que puedan tener un impacto social o económico en el país. Al respecto, el artículo 54 de la LAASSP, no enuncia con claridad los servicios especializados como supuesto de excepción de la licitación pública y sus supuestos de excepción son de aplicación individual de dependencias y entidades, al contrario del diálogo competitivo que es para consolidar contrataciones que requiriera toda la Administración Pública Federal.

El artículo 64 de la LAASSP establece que el procedimiento de contratación de diálogo competitivo se llevará a cabo en dos etapas: la preparatoria y la conclusiva, **con la participación mínima de tres candidatos precalificados** y con la participación de un representante del órgano interno de control de la SACBG y un testigo social **en las contrataciones públicas**, de conformidad con el procedimiento administrativo siguiente:

I. **LA ETAPA PREPARATORIA** se realizará conforme a lo siguiente:

a) La SHCP como convocante consolidadora de la Administración Pública Federal difundirá por un plazo de diez días hábiles, el comunicado de diálogo competitivo a través de la Plataforma, donde se dará a conocer el documento descriptivo y demás documentación complementaria que contenga las necesidades de la dependencia o entidad y los requisitos de capacidad y recursos necesarios que los participantes interesados deben cumplir para acceder como candidato precalificado, **el cual no podrá ser modificado posteriormente.**

   El comunicado de diálogo competitivo contendrá las indicaciones pertinentes para permitir el acceso por medios electrónicos al documento descriptivo y demás documentación complementaria de interés para los participantes interesados, así como los criterios de precalificación, adjudicación y fechas en que se llevarán a cabo las fases del diálogo competitivo;

b) Primera fase: presentación de documentos a través de la Plataforma para determinar a los candidatos precalificados que hayan cumplido con los requisitos de capacidad y recursos necesarios para ejecutar satisfactoriamente el contrato. La presentación de los documentos deberá efectuarse dentro de los cinco días hábiles posteriores a la difusión del comunicado;

c) Segunda fase: evaluación de documentos presentados por los participantes interesados para acceder como candidatos precalificados, la cual se llevará a cabo dentro de los siguientes cinco días hábiles al término de la presentación de documentos;

d) Tercera fase: la SHCP publicará en la Plataforma la lista de los candidatos precalificados que resultaron de la evaluación y desarrollará, con estos diálogos cuyo fin será determinar y definir el objeto y alcance de la contratación para satisfacer las necesidades publicadas. En el transcurso de este diálogo, podrán debatirse todos los aspectos del contrato con los candidatos precalificados.

Los diálogos se realizarán a través de la Plataforma o de forma presencial de manera conjunta con los candidatos precalificados, o podrán llevarse a cabo diálogos individuales sucesivos, conforme a los plazos comunicados, con el objeto de aclarar las dudas que tengan los candidatos precalificados sobre el diseño conceptual o especificaciones de funcionamiento de la propuesta que en lo particular pretendan desarrollar, ello considerando la protección de los derechos intelectuales e industriales que la convocante deberá garantizar.

Los diálogos individuales proseguirán hasta que la convocante se encuentre en condiciones de determinar la fecha en que podrá llevarse a cabo el acto de presentación y apertura de proposiciones promoviendo el cumplimiento de los plazos comunicados al inicio del procedimiento.

El plazo para llevarse a cabo los diálogos competitivos será de hasta veinticinco días hábiles, contados a partir de la determinación de candidatos precalificados, los cuales se podrán prorrogar hasta por un periodo igual, en función de la complejidad del objeto de la contratación.

En caso de prórroga la convocante la notificará, a través de la Plataforma, una vez que se haya cumplido el plazo para los diálogos competitivos establecidos en el comunicado.

La convocante levantará las actas correspondientes a las fases de la etapa preparatoria, mismas que serán publicadas en la Plataforma, sin incluir información reservada o confidencial en términos de las disposiciones aplicables.

La convocante dará un trato igual a todos los candidatos precalificados y no facilitará, de forma discriminatoria, información que pueda dar ventajas a determinados candidatos precalificados con respecto al resto, para lo cual toda la información que se proporcione será a través de la Plataforma.

II. **LA ETAPA CONCLUSIVA** se desarrollará conforme a lo siguiente:

a) Primera fase: publicación en la Plataforma, de la notificación de la presentación de propuestas técnicas y económicas que deberá contener la fecha, hora y lugar para llevarla a cabo a través de la propia Plataforma, además de los requisitos que se deberán cumplir para la evaluación de propuestas bajo el criterio de evaluación que la convocante determine de los establecidos en la presente Ley;

b) Segunda fase: evaluación de las propuestas técnicas, misma que se realizará en un plazo de cinco días hábiles contados a partir de la recepción de dichas propuestas y cuyo resultado general será publicado mediante acta en la Plataforma.

   Durante la evaluación, la convocante podrá requerir por escrito a los postulantes que presentaron propuestas técnicas de manera individual, aclaraciones o información complementaria relativa a ellas, siempre que ello no suponga la sustitución o variación significativa de los bienes o servicios determinados en la etapa preparatoria, así como de los requisitos establecidos en la notificación para presentar propuestas técnicas.

   En caso de que ninguna de las propuestas técnicas, solventen, de manera íntegra las necesidades de los bienes y/o servicios requeridos por la convocante, pero esta identifique que dos o más propuestas técnicas de los postulantes pueden solventar las necesidades, podrá aceptar propuestas conjuntas y evaluar la posibilidad de llevar a cabo una segunda etapa de presentación de propuestas técnicas conjuntas, para lo cual deberá contar con el consentimiento de los postulantes involucrados. En dicho supuesto la convocante no podrá revelar a los demás postulantes las soluciones propuestas por un postulante u otros datos confidenciales;

c) Una vez evaluadas las propuestas técnicas, la convocante notificará a los postulantes, a través de la Plataforma si sus propuestas técnicas fueron aprobadas o no. En el caso de los postulantes cuyas propuestas técnicas fueron aprobadas, la convocante procederá a evaluar sus propuestas económicas;

d) La convocante podrá llevar a cabo negociaciones con el postulante cuya oferta económica se considere que presenta las mejores condiciones para el Estado conforme al criterio de evaluación que se hubiere establecido en la notificación de presentación y apertura de propuestas técnicas.

   El contrato se adjudicará a aquél postulante cuyas propuestas resultaron solventes, porque cumplen con los requisitos establecidos por la convocante y representa las mejores condiciones para el Estado.

   La convocante levantará las actas correspondientes a la fase de presentación y apertura de propuestas, mismas que serán publicadas en la Plataforma, sin incluir información reservada o confidencial de los postulantes en términos de las disposiciones aplicables, y

e) El fallo será emitido a más tardar a los diez días hábiles siguientes a que concluya el acto de presentación y apertura de proposiciones técnicas y económicas, debiéndose publicar el acta correspondiente en la Plataforma, mismo que deberá contener lo establecido en el artículo 49 de esta Ley. El resultado de las negociaciones obtenidas durante el procedimiento, así como la estipulación de que los derechos inherentes a la propiedad intelectual invariablemente se constituirán a favor de la dependencia o entidad contratante.

Los plazos para llevar a cabo el diálogo competitivo se podrán ampliar previa notificación a las partes, sin que dicha ampliación exceda en ningún caso de la mitad del plazo previsto originalmente.

Una vez concluido el procedimiento de diálogo competitivo y notificado el fallo respectivo, el contrato será firmado dentro de los quince días naturales siguientes por la dependencia o entidad requirente de los bienes o servicios y el postulante que resulte ganador.

La Secretaría participará en los procedimientos de diálogo competitivo, conforme a los lineamientos que al efecto emita.

Resumen de actos y plazos:

ETAPA PREPARATORIA		
1	Difusión del comunicado de diálogo competitivo, por la SHCP, a través de la Plataforma	Por un plazo de diez días hábiles
2	Las empresas interesadas deberán presentar su documentación a través de la Plataforma.	La presentación de los documentos deberá efectuarse dentro de los cinco días hábiles posteriores a la difusión del comunicado;
3	Evaluación de la SHCP a los documentos presentados por los participantes interesados para que accedan como candidatos precalificados.	La evaluación se llevará a cabo dentro de los siguientes cinco días hábiles al término de la presentación de documentos.

4	La SHCP publicará en la Plataforma la lista de los candidatos precalificados que resultaron de la evaluación y con estos se desarrollarán los diálogos competitivos.	El fin de los diálogos es determinar y definir el objeto y alcance de la contratación para satisfacer las necesidades publicadas.
5	Desarrollo de diálogos competitivos.	El plazo será de hasta 25 días hábiles, contados a partir de la determinación de candidatos precalificados, los cuales se podrán prorrogar hasta por un periodo igual.
6	La SHCP notificará, a través de la Plataforma, el fin de los diálogos competitivos.	Una cumplido el plazo para los diálogos competitivos
ETAPA CONCLUSIVA		
7	Presentación de propuestas técnicas y económicas, una vez que haya culminado el plazo de los diálogos competitivos.	Debe publicarse notificación en la Plataforma, conteniendo fecha, hora y lugar de su celebración.
8	Evaluación de las propuestas técnicas presentadas.	se realizará en un plazo de 5 días hábiles contados a partir de la recepción de dichas propuestas y cuyo resultado general será publicado mediante acta en la Plataforma.
9	Notificación a los postulantes, a través de la Plataforma si sus propuestas técnicas fueron aprobadas o no.	Solo de las propuestas técnicas aprobadas, la convocante procederá a evaluar sus propuestas económicas.
10	La convocante podrá llevar a cabo negociaciones con el postulante cuya oferta económica se considere que presenta las mejores condiciones para el Estado.	El contrato se adjudicará al postulante cuyas propuestas resulten solventes, por cumplir con los requisitos establecidos por la convocante y representar las mejores condiciones para el Estado.
11	El Fallo del procedimiento deberá publicarse en la Plataforma.	Será emitido a más tardar a los 10 días hábiles siguientes a que concluya el acto de presentación y apertura de proposiciones técnicas y económicas
12	El Contrato	Será firmado dentro de los 15 días naturales siguientes por la dependencia o entidad requirente de los bienes o servicios y el postulante que resulte ganador.

Del artículo transitorio Tercero de la LAASSP se deriva que en tanto entra en operación la Plataforma, **la difusión y el comunicado del anuncio del diálogo competitivo**, se publicará en el Sistema Electrónico de Información Pública Gubernamental denominado CompraNet, en consecuencia y en virtud de los plazos acortados de dicho procedimiento de contratación, se presume que este se realizará a través del referido módulo de CompraNet, ya que se prevé que los módulos de la Plataforma necesarios para realizar los procedimientos de contratación en materia de adquisiciones, arrendamientos y servicios, **estén en completa operación para el 16 de octubre de 2026** aproximadamente.

5. *La Adjudicación directa como Estrategia de Contratación*

Del artículo 60 de la LAASSP se deriva que la aplicación del procedimiento de contratación de adjudicación directa como estrategia de contratación, se vincula primordialmente con contrataciones urgentes, en los que el tiempo y demora son trascendentales:

> "Artículo 60. La Secretaría podrá autorizar que Hacienda lleve a cabo la contratación de adquisiciones, arrendamientos y servicios, a través de un procedimiento de adjudicación directa con estrategia de negociación, sin sujetarse al procedimiento de licitación pública, cuando:
>
> I. La dependencia o entidad que requiera la adquisición o arrendamiento de bienes o prestación de servicios, justifique a la Secretaría su contratación por causa de urgencia debida a acontecimientos imprevisibles;
>
> II. Que permita resolver asuntos que no admiten demora porque existe el riesgo de causar daños o perjuicios graves al Estado, y
>
> III. Que no sea posible recibir los bienes, arrendamientos o servicios a tiempo mediante licitación pública o invitación a cuando menos tres personas."

Al respecto, es de comentar que aun cuando las circunstancias de urgencia o demora están cubiertas de algún modo en los supuestos de excepción de licitación pública establecidas en las fracciones II, III y V del artículo 54 de la LAASSP, estas operan de manera individual para dependencias y entidades, en tanto que la adjudicación directa como estrategia de contratación se consolida en la SHCP para enfrentar situaciones especiales que exijan concentración en el esfuerzo y mando, como pudieran ser una epidemia, un terremoto, una guerra comercial internacional, etc.

Del artículo 61 de la LAASSP se deriva que el procedimiento administrativo para la adjudicación directa como estrategia de contratación, es el siguiente:

1. **La SHCP difundirá la solicitud de cotización a través de la Plataforma**, donde se darán a conocer:

    a) Los requisitos y descripción técnica de los bienes a adquirir o arrendar o de los servicios a contratar;

    b) La fecha y hora para llevar a cabo de manera electrónica la presentación de cotizaciones que contendrán la oferta técnica y la económica, esta última con carácter de preliminar.

    c) El criterio de evaluación que se utilizará para determinar la solvencia de las mismas, y

    d) Los demás aspectos que resulten aplicables en términos del artículo 40 de la LAASSP (requisitos para la convocatoria de la licitación pública).

2. Las personas físicas o morales interesadas deberán **confirmar su participación** a través de la Plataforma, **en un plazo máximo de un día hábil**, contado a partir de la publicación de la solicitud de cotización.

3. **El plazo para la presentación y apertura de cotizaciones será de tres días hábiles**, contados a partir de la publicación de la solicitud de cotización, la cual se celebrará siempre que se cuente con la confirmación de participación de al menos dos personas físicas o morales interesadas.

    En caso de que no exista la confirmación de por lo menos dos personas físicas o morales interesadas en el tiempo establecido, la SHCP podrá prolongar los tiempos para el acto de presentación y apertura de cotizaciones, además del plazo para la negociación, para lo cual emitirá un aviso en la Plataforma.

4. Las cotizaciones deberán contener la información conforme a la solicitud de cotización, de no cumplir con alguno de los requisitos conforme al criterio de evaluación determinado serán desechadas. En caso de que ninguna cotización cumpla con las especificaciones publicadas, el procedimiento será declarado desierto.

5. **A más tardar un día hábil posterior** al acto de presentación y apertura de cotizaciones, se notificará a los cotizantes el resultado de la evaluación de sus ofertas técnicas, realizada por el área requirente de la dependencia o entidad solicitante **y se notificará la fecha, hora y lugar para llevar**

a cabo *el acto de negociación* **con los cotizantes cuyas ofertas técnicas hubieren resultado solventes.**

6. **El acto de negociación** podrá celebrarse **a partir del día hábil siguiente a la notificación del resultado de la evaluación técnica**, en cuyo acto, la *persona líder de la negociación designada por la SHCP*, realizará negociaciones *a través de la Plataforma o de manera presencial* **con el o los cotizantes cuyas ofertas técnicas resultaron solventes**, considerando el orden consecutivo de los precios ofertados del menor al mayor, con el fin de obtener las mejores condiciones para el Estado, a través de las ofertas económicas que resulten de las negociaciones.

   El acto de negociación no deberá ser mayor a doce horas **contadas** a partir de que haya dado inicio el mismo, **debiendo publicarse el acta respectiva** en la que conste que se llevaron a cabo negociaciones, **así como la fecha, hora y lugar en que se efectuará el acto de adjudicación.**

7. **De no obtenerse ningún beneficio con las negociaciones, se notificará**, *en un plazo no mayor a doce horas* contadas a partir de que se haya concluido el acto a que se refiere el párrafo anterior, **la determinación correspondiente a los cotizantes**, *así como la decisión de ejecutar la modalidad de ofertas subsecuentes de descuentos*, para lo cual se les comunicará la hora para llevarla a cabo, de conformidad con los lineamientos que expida la SACBG.

8. El acta de adjudicación deberá contener lo establecido en el artículo 49 de esta Ley, así como el resultado de las negociaciones realizadas o, en su caso, el de la modalidad de ofertas subsecuentes de descuentos que se haya realizado.

9. En el procedimiento de adjudicación directa con estrategia de negociación, cualquier persona podrá asistir en calidad de observador, bajo la condición de registrar su acceso.

10. Los representantes de los órganos internos de control de la SACBG y en la SHCP, deberán participar en los actos públicos de presentación y apertura de cotizaciones, negociación, en su caso, oferta subsecuente de descuento y fallo, *considerando que la participación de los cotizantes será vía electrónica*. En relación con lo antes enunciados, se resalta que la fracción VI del citado artículo 61 estipula que la negociación con los

cotizantes puede ser presencial, en tal contexto, con mayor razón deben intervenir los órganos internos de control.

11. La SACBG participará en los procedimientos de adjudicación directa con estrategia de negociación, conforme a los lineamientos que al efecto emita.

Resumen de actos y plazos:

1	Difusión de la solicitud de cotización a través de la Plataforma	
2	Confirmación de participación de empresas a través de la Plataforma.	En un plazo máximo de un día hábil, contado a partir de la publicación de la solicitud de cotización.
3	Presentación y apertura de cotizaciones (preliminar).	A los tres días hábiles, contados a partir de la publicación de la solicitud de cotización.
4	Resultado de la evaluación de las ofertas técnicas.	A más tardar un día hábil posterior al acto de presentación y apertura de cotizaciones.
5	Acto de Negociación de las ofertas económicas. (No deberá durar más de doce horas contadas a partir de que haya dado inicio)	A partir del día hábil siguiente a la notificación del resultado de la evaluación técnica.
6	Acto de Adjudicación derivado de las negociaciones (en caso **de obtenerse** beneficio en las negociaciones).	Terminado el acto de negociación, debe publicarse el acta respectiva que señale fecha, hora y lugar en que se efectuará el acto de adjudicación.
7	Notificación de los resultados (en caso de **no obtenerse** beneficio en las negociaciones).	En un plazo no mayor a 12 horas contadas a partir de que haya concluido el acto de negociación.
8	Llamado y apertura de procedimiento de ofertas subsecuentes de descuentos.	Se debe comunicar la hora y fecha para llevarla a cabo, en la notificación de los resultados.
9	Acto de Adjudicación derivado de las ofertas subsecuentes de descuentos	Debe contener el resultado de las ofertas subsecuentes presentadas y publicarse en la plataforma el mismo día en que se emita.

Del artículo 3° transitorio de la LAASSP se deriva que en tanto entra en operación la Plataforma, **la difusión y el comunicado de la solicitud de cotización de la adjudicación directa con negociación,** se publicará en el Sistema Electrónico de Información Pública Gubernamental denominado CompraNet, en consecuencia y en virtud de los plazos acortados de dicho procedimiento de contratación, se presume que este se realizará íntegramente a través del referido módulo de CompraNet, ya que se prevé que los módulos de la Plataforma necesarios para realizar los procedimientos de contratación en materia de adquisiciones, arrendamientos y servicios, **estén en completa operación para el 16 de octubre de 2026** aproximadamente.

Capítulo XI

CONTRATACIONES PÚBLICAS Y RESPONSABILIDADES ADMINISTRATIVAS

Es ineludible que por su naturaleza, la inadecuada ejecución de los procedimientos para la asignación de contrataciones públicas (que involucra el ejercicio de recursos públicos), pueda en un momento dado derivar en faltas administrativas en contra de la función o el servicio público.

Las faltas administrativas son aquellos hechos, actos u omisiones de los servidores públicos que violan principios y directrices que rigen el servicio público y que pueden ocasionar daños y perjuicios (culposa, negligente o dolosa) a la Hacienda Pública o al patrimonio de un Ente público; por lo que deben ser objeto de investigación y, en caso de que se acredite la responsabilidad, de sanciones administrativas.

La Ley General de Responsabilidad Administrativa (**LGRA**) clasifica las faltas administrativas en No Graves y Graves (art. 3 fracciones XV, XVI y XVII) y señala cuales no son graves y cuales son graves; la diferencia estriba obviamente en la gravedad de las faltas, en la afrenta que representan para el Estado y la sociedad, **asociando las faltas graves con hechos de corrupción y abuso de poder**, resultando que muchas de estas faltas graves coinciden y también actualizan delitos en contra de la función pública.

Las Faltas administrativas no graves se establecen en los artículos 49 y 50 de la Ley General de Responsabilidades Administrativas, y de estas faltas, las que pueden relacionarse con el indebido ejercicio de atribuciones de servidores públicos en materia de contrataciones públicas, son las que se ajustan a los supuestos siguientes:

1. No cumplir con las funciones, atribuciones y comisiones encomendadas, observando en su desempeño disciplina y respeto tanto a servidores pú-

blicos como a particulares, en los términos que establezcan los Códigos de Ética y de Conducta que le sean aplicables.

2. No denunciar los actos u omisiones que en ejercicio de sus funciones llegare a advertir, que puedan constituir faltas administrativas;
3. No registrar, integrar, custodiar y cuidar la documentación e información que por razón de su empleo tenga bajo su responsabilidad e impedir su uso indebido;
4. No supervisar que las y los servidores públicos sujetos a su dirección, cumplan con las disposiciones del artículo 49 de la LGRA.
5. No rendir cuentas sobre el ejercicio de las funciones;
6. No colaborar en los procedimientos judiciales y administrativos en los que sea parte;
7. **No cerciorarse antes de la celebración de contratos de adquisiciones, arrendamientos, servicios, obra pública** o para la enajenación de todo tipo de bienes **que el particular manifieste que no desempeña empleo o servicio público, o que de hacerlo no se actualice conflicto de interés al formalizar algún contrato** (Protocolo de actuación en materia de contrataciones públicas, artículo 44 de la LGRA).
8. **No revisar previo a realizar cualquier acto jurídico que involucre el ejercicio de recursos públicos con personas jurídicas, su constitución y verificar que sus socios no incurran en conflicto de interés.**
9. **Causar daños y perjuicios** (de manera culposa o negligente y sin incurrir en falta administrativa grave) **a la Hacienda Pública o al patrimonio público.**

Por su parte, las Faltas administrativas graves se establecen de los artículos 51 al 64 de la Ley General de Responsabilidades Administrativas:

FALTAS ADMINISTRATIVAS GRAVES DE LOS SERVIDORES PÚBLICOS (Arts. 51 al 64 de la LGRA)

LEY GENERAL DE RESPONSABILIDADES ADMINISTRATIVAS

*COHECHO (A. 52)
*PECULADO (A. 53)
*DESVÍO DE RECURSOS (A. 54)
*UTILIZACIÓN INDEBIDA DE INFORMACIÓN (A. 55)
*ABUSO DE FUNCIONES (A. 57)
*CONFLICTO DE INTERÉS (A. 58)
*CONTRATACIÓN INDEBIDA (A. 59)
*ENRIQUECIMIENTO OCULTO (A. 60)
*SIMULACIÓN DE ACTOS JURÍDICOS (A. 60 Bis)
*TRÁFICO DE INFLUENCIAS (A. 61)
*ENCUBRIMIENTO (A. 62)
*DESACATO (A. 63)
*NEPOTISMO (A. 63 Bis)
*OBSTRUCCIÓN A LA JUSTICIA (A. 64)
*VIOLACIONES A LAS DISPOSICIONES SOBRE FIDEICOMISOS (A. 64)
*OMISIÓN DE ENTERAR LAS CUOTAS, APORTACIONES, CUOTAS SOCIALES O DESCUENTOS (A. 64 Ter)

Debe precisarse que, a lado de las faltas administrativas graves y no graves de los servidores públicos, a partir de la modificación que sufriera el artículo 108 constitucional el 28 de diciembre de 2015, existen las **Faltas de particulares:** que son los actos de personas físicas o morales privadas vinculados con faltas administrativas graves, que por supuesto pueden estar vinculados con actos de corrupción en contrataciones públicas

Ahora bien, incurrir en faltas administrativas puede suscitar investigaciones y procedimientos de responsabilidad que hagan procedente la aplicación de sanciones administrativas.

El motivo primordial de la imposición de sanciones por faltas administrativas a servidores públicos y particulares en términos de lo dispuesto en la LGRA, es perseguir, minimizar e incluso erradicar, los actos relacionados con temas de corrupción. Las sanciones administrativas teóricamente se clasifican en disciplinarias y resarcitorias.

La sanción disciplinaria tiene la finalidad imponer un escarmiento a los servidores públicos, en tanto que **la sanción resarcitoria**, tiene como objeto restituir a la hacienda pública y al patrimonio de los entes públicos el monto de los daños y perjuicios estimables en dinero que se les hayan causado, con el fin de dejar indemne el patrimonio del Estado, **a través de una indemnización** fijada por el Tribunal que debe pagar el servidor público.

Entiéndase como daños y perjuicios a la Hacienda Pública o al patrimonio de los entes públicos: cualquier acción u omisión que afecte negativamente los recursos económicos o materiales del gobierno o de sus organismos. Esto puede incluir pérdidas de dinero, mal uso de bienes públicos, fraudes, negligencias, actos de corrupción o incluso decisiones administrativas que resulten perjudiciales para el presupuesto o el patrimonio del Estado (como la asignación de contratos públicos legalmente improcedentes o contrarios al interés económico del Estado).

Debe precisarse que la responsabilidad resarcitoria se puede declarar de tres maneras:

1. **Directamente a los servidores públicos o particulares** que hayan ejecutado directamente la conducta dañosa;
2. **Subsidiariamente al servidor público jerárquicamente inmediato** que, con dolo, culpa o negligencia, hubiere omitido la revisión o autorización de los actos dañosos; y
3. **Solidariamente a los particulares** (personas físicas o morales) **que hayan participado con los servidores públicos** en actos que hubieren originado una responsabilidad resarcitoria.

Las sanciones por faltas administrativas no graves son la amonestación; la suspensión del empleo, cargo o comisión, que podrá ser de uno a treinta días naturales; la destitución de su empleo, cargo o comisión; la inhabilitación temporal para desempeñar empleos, cargos o comisiones en el servicio público, que no será menor de tres meses ni podrá exceder de un año; o la inhabilitación temporal para participar en adquisiciones, arrendamientos, servicios u obras públicas.

Las sanciones por faltas administrativas graves son las anteriormente enunciadas, más la sanción económica y la indemnización.

Lo anterior, independientemente de la responsabilidad penal (u otro tipo de responsabilidad) que por los mismos actos también pudiera derivar en contra del servidor público, en términos de lo dispuesto por los artículos 109 de la Constitución Política Federal y 14 de la Ley General de Responsabilidades Administrativas.